JN291242

神になった秀吉

―秀吉人気の秘密を探る―

市立長浜城歴史博物館

戦国乱世の時代を駆け巡り
天下統一を果たした豊臣秀吉。
彼は死後、京都阿弥陀ケ峰に埋葬され
「豊国大明神」となった。

時代は関ヶ原合戦を経て、大坂の陣。
ここで豊臣家が滅亡し、徳川の世になると、
秀吉は神の座から引きずりおろされる。

しかし、世の人びとは、彼を決して忘れなかった。
次々つくられた「太閤記」は、
秀吉を、一躍時代のヒーローへと押し上げる。

そのヒーローは、「人形浄瑠璃」や「歌舞伎」、
さらには「錦絵」・「双六」、
果ては明治の「教科書」へも登場した。

秀吉の魅力は、改革・自由・スピードというイメージ。
閉塞した社会の中で、天下人へ登り詰めるその姿は、
多くの人びとを魅了した。

江戸時代から現代に至るまで、
人びとは、秀吉をどう感じ、どう受け止めたか。
その姿は、神でありヒーローであった。
秀吉の実像とはかけ離れたところで、
彼への期待はふくらんでいった。

だから、「庶民の神・秀吉」は、
その時代・時代の民衆が抱いた
「夢」と「希望」なのだ。

豊国祭礼図屏風（左隻部分）豊国神社蔵

目次

＊本書は、市立長浜城歴史博物館が企画した特別展『庶民の神　秀吉』の展示解説図録として編集したものですが、章立てなどの構成は必ずしも一致しません。特別展の構成は、巻末の展示資料目録を参照ください。

人間・秀吉の魅力

2　木造　豊臣秀吉坐像　大阪城天守閣蔵
唐冠に束帯姿、右手に笏を持つ神像形式の秀吉像である。秀吉に豊国大明神の神号が下賜された慶長４年（1599）４月からあまり下らない時期の製作と推定される。

方広寺大仏殿図（西正面より見た図）

方広寺大仏殿梁行図（北妻側より見た図）

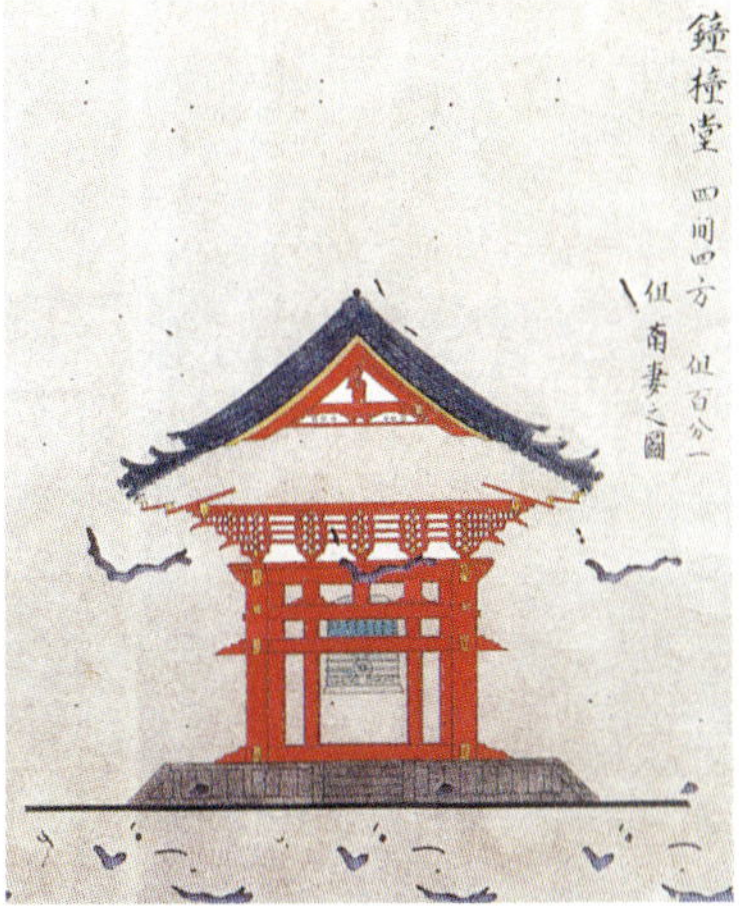

方広寺鐘撞堂図（南妻側より見た図）

1　方広寺大仏殿諸建物并三十三間堂建地割図　中井正知氏蔵

方広寺は、天正14年（1586）に秀吉が奈良東大寺にならって創建した。その後慶長元年（1596）の大地震によって崩壊。秀頼はその再建に着手し、工事中出火するが、慶長17年（1612）にほぼ全体が完成した。この時の工事は、大工頭中井大和守正清が担当している。

9　甫庵・太閤記　大阪城天守閣蔵

秀吉の三十三回忌に当たる寛永７年（1630）に出版された、初めての秀吉一代記。全22巻。このあとに作られた太閤記ものの先鞭である

《特別寄稿》

人間・秀吉の魅力

小和田　哲男

はじめに

新聞社・雑誌社、さらにテレビ局などが、時どき、読者や視聴者に「あなたが好きな歴史上の人物は誰ですか」といったアンケートを取り、それを集計してベスト・テン方式で発表することがある。いわゆる〝人気度ランキング〟で、それをみていると、時代によって、また、調査対象となった年代やその人の置かれている立場のちがいなどによって好まれる人物像にも変化があっておもしろい。

たとえば、一九九六年六月に行われた雑誌『プレジデント』の読者アンケートの結果は、第一位が織田信長、第二位が吉田茂、以下、豊臣秀吉、徳川家康、松下幸之助の順であった。たいていの場合、どのアンケートでも、信長・秀吉・家康の三人は上位五位以内に入っている。『プレジデント』誌の場合、読者が経済人、特に企業経営者が多いということを反映し、ベスト・テンに、松下幸之助・本多宗一郎の二人が入っており、特徴的といえる。

テレビ局が行ったアンケートでは、NHKが三年間にわたり一三二回放送した『堂々日本史』の総集編を作るにあたり、視聴者からアンケートを取り、第十位からベスト・テン方式で番組が作られたことがあった（一九九九年三月九日放送）。

その順位はつぎの通りである。

第一位　徳川家康
第二位　真田幸村
第三位　織田信長
第四位　坂本龍馬
第五位　武田信玄
第六位　大石内蔵助
第七位　豊臣秀吉
第八位　上杉鷹山
第九位　源義経
第十位　伊達政宗

ここでも、信長・秀吉・家康の三人は名を連ねている。このときは秀吉は第七位にランクされていたが、もちろん、秀吉が第一位になったというアンケートの結果も少なくない。秀吉が好かれるのはどうしてなのだろうか。秀吉の人気の秘密にせまってみたい。

一、陽気な庶民性

秀吉晩年近くの不祥事件とか暗黒事件、たとえば、無謀な朝鮮への侵略戦争や、秀次事件などをみると、秀吉が、日本人の好きな歴史上の人物ベスト・テンに入っているのは不思議ですらある。しかし、そうしたマイナスイメージにまさるプラスイメージが秀吉にはあったということであろう。そのプラ

豊太閤産湯の井戸　愛知県名古屋市中村区中村町常泉寺

スイメージの一つが、秀吉の陽気な庶民性であった。

　ふつう、権力を握るようになると、威厳をつけるという意味あいもあって、必要以上に重々しくふるまう傾向がある。正式な日本語ではないかもしれないが、よくいわれる「えらぶる」という表現がそれに該当しよう。相手に身分差を意識させる意味からも、上に立てば部下や庶民を見下すのがあたりまえであった。

　ところが、晩年近くの一時期を除いて秀吉にはそれがない。一例をあげておこう。江戸時代に書かれた逸話集の一つ、江《え》村専斎《むらせんさい》の『老人雑話』巻上（『改定史籍集覧』第十冊）に、つぎのようにみえる。

　或時、太閤馬に騎て、烏丸通を参内有りし時、新在家の下女四五人、赤前垂を掛て出で見物せり。太閤馬上より見て云く。只今我内裡にて能をすへし。皆々見物にこよと。

　秀吉が参内するところを見物していた下女にまで気軽に声をかけていた様子がうかがわれるわけで、おそらく、このようなことは、信長や家康はしなかったと思われる。秀吉のそうした身

新在家の下女殿下の通行を拝み奉る図　（絵本太閤記）
馬上より庶民に気楽に声をかける秀吉が描かれている。

分差・階層差を意識しない、あけっぴろげな性格が、庶民の好感をよんだものであろう。

博多の豪商神谷《かみや》宗湛《そうたん》の『宗湛日記』（『茶道古典全集』第六巻）には、宗湛が筑前筥崎の陣所で、秀吉の茶会に招かれたとき、秀吉から「茶をのもうか」と声をかけられたことがみえる。友達に声をかけているような雰囲気である。まさに、「えらぶらない」秀吉、まわりを明るくする陽気さが、秀吉人気を高めているといえよう。

二、日本人の出世願望にマッチ

そうした庶民性は、秀吉が庶民の出だったからである。周知のように、秀吉は、尾張の中中村の貧しい百姓の子として生まれている。父弥右衛門が、すでに木下という苗字をもっていて、織田信秀の足軽だったとする説もあるが、それはまちがいで、苗字をもたない下層の百姓であった。ちなみに、秀吉が木下という苗字をもつようになるのは、お禰《ね》と結婚してからである。お禰の実父杉原定利が、お禰の実の母である木下家に養子となったことがあり、木下を称した。

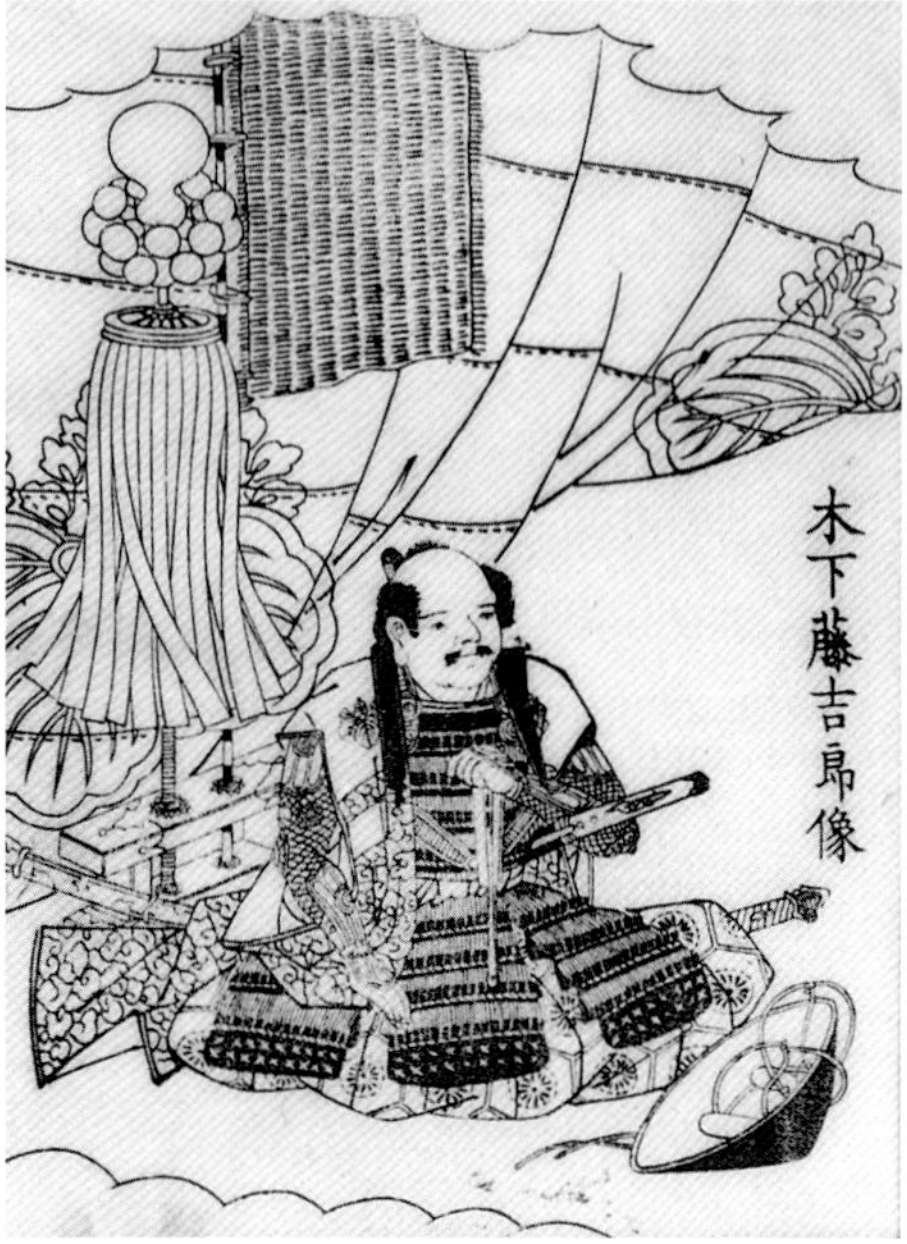

木下藤吉郎像　（絵本太閤記）

苗字をもてない最下層の者が、一代で権力の頂点にのぼりつめたわけで、そのような〝快挙〟は、歴史上、後にも先にも皆無である。貧しさからの脱却と出世願望はすべての人間に共通するものといってよく、秀吉の生き様は、そうした日本人の出世願望にマッチしていた。秀吉人気の秘密もそこにあったといえる。

　ただ、このことについては、時代によって微妙なちがいがあったようにも思える。少なくとも、江戸時代におけるとらえ方と、明治以後、近現代におけるとらえ方とは若干のちがいがあったとみている。

　江戸時代は、士農工商の四文字に代表されるように、身分の移動は困難だった。もちろん、百姓から武士になったりした者もいたが、それは例外的だった。ふつうは、「がんじがらめの封建的身分制」といわれるように、親が百姓なら子も百姓、親が商人なら子も商人になるのがあたりまえだった。秀吉のように、百姓から武士になり、出世していくことなど夢物語になってしまっていた。

　だからこそ、庶民は、自分たちが果

大阪城天守閣
昭和６年（1931）に建造され、内部は城の変遷や、秀吉についての史料を展示している。

たせない夢を、秀吉の〝出世物語〟の中に見出していったのである。『絵本太閤記』などが多くの人びとに読まれたのはそのためであった。

なお、江戸時代、「太閤記もの」がはやったのはもう一つ理由があった。いつの時代も、庶民は、自分たちを支配している政権をよしとはしなかった。江戸時代でいえば、徳川幕藩体制、もっといえば、徳川家に対してはよい感情をもっていたわけではない。庶民の意識の中には「反権力の思想」が根づいており、時の権力である徳川家、その初代徳川家康が秀吉に臣従していた時代の物語は、庶民にとっては、最も溜飲が下がるものだったものと思われる。

日本人の出世願望に話をもどそう。江戸時代とちがって、明治維新以後は、封建的身分制が崩れ、個人の能力次第で新しい職業につくことも可能となり、その中での競争も現実のものとなった。つまり、秀吉の〝出世物語〟が夢物語ではなくなり、自分たちのたしかな目標となったのである。

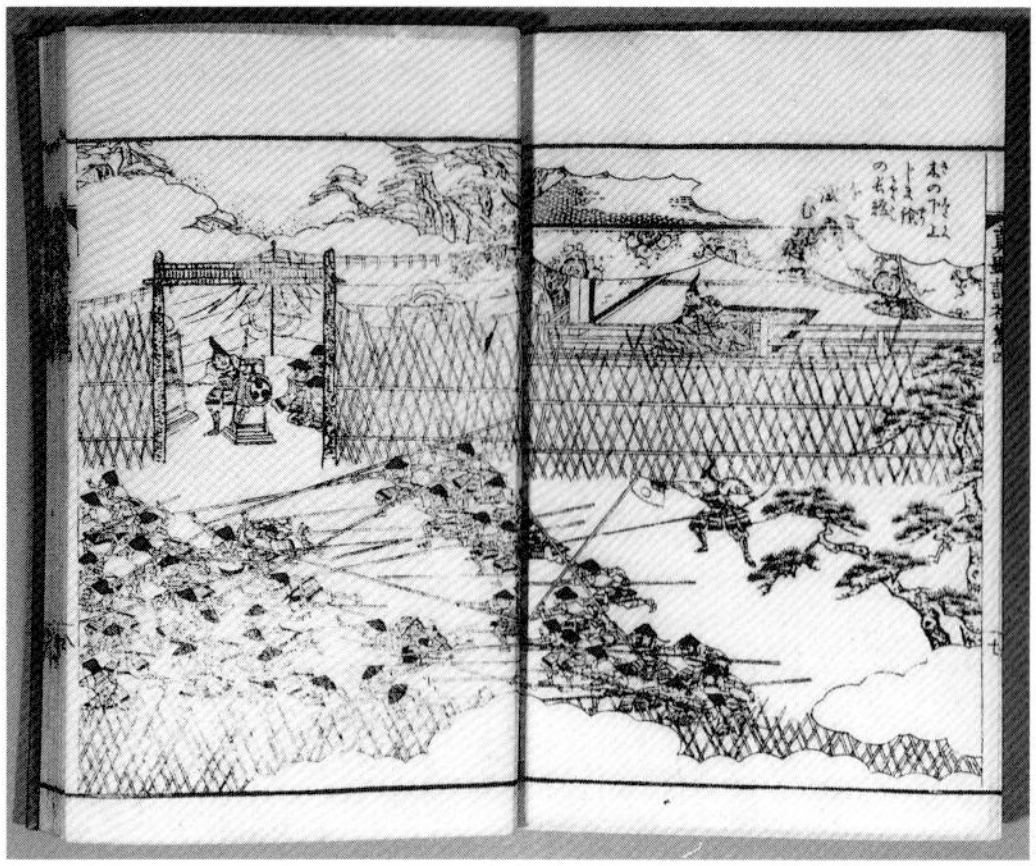

長短槍競べ　（絵本太閤記）

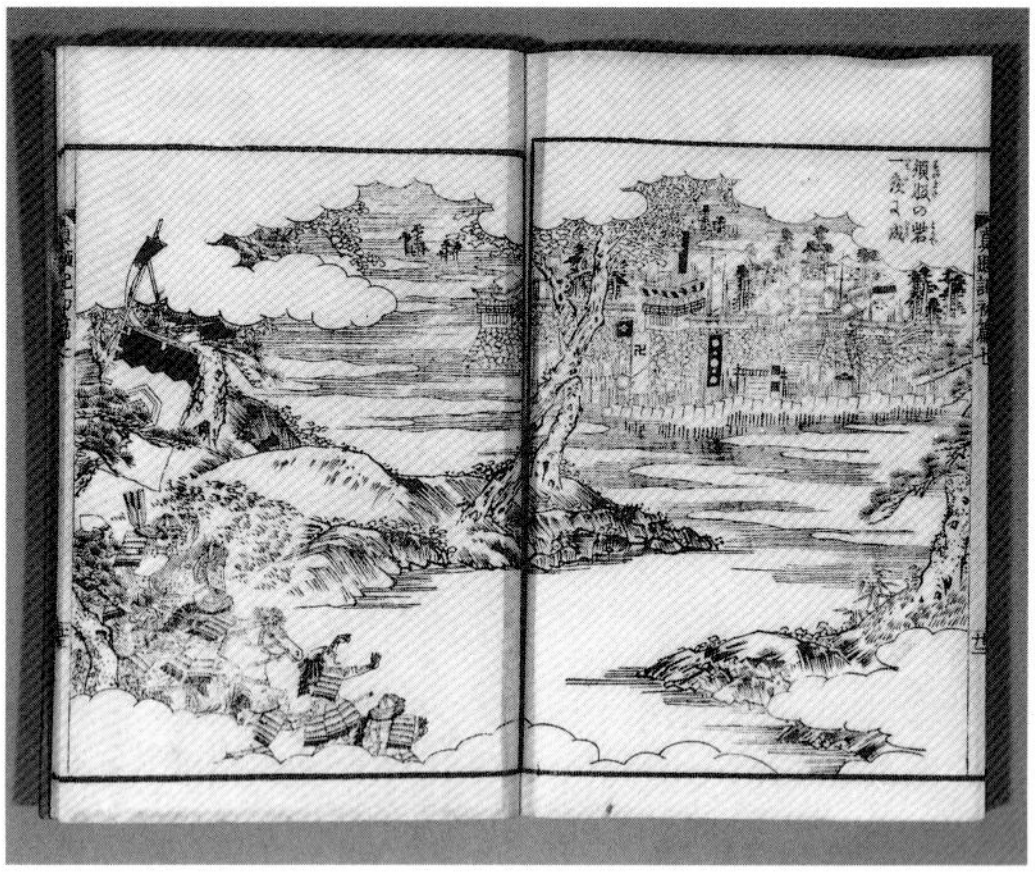

墨俣一夜城　（絵本太閤記）

三、創作された物語と判官贔屓

つぎに、秀吉の人気が高くなった要因としてあげなければならないのが、前述した『絵本太閤記』や『真書太閤記』などのいわゆる「太閤記もの」の流布である。

もちろん、秀吉人気が高かったから、そうした出版がなされたという相関関係にあるが、これら「太閤記もの」によって創作されたおもしろい話が、秀吉人気をさらに高めていったという側面をここで指摘しておきたい。

しかも、そうした創作された話には、秀吉の子ども時代のエピソードが多く、それらが子ども向けの絵本やまんがなどにとりあげられ、子どものころから、秀吉の痛快物語がすりこまれていった点は大きかったとみている。信長・秀吉・家康の三人だけをくらべてみても、秀吉の子ども時代の物語は群を抜いて多い。

そしてもう一つ。豊臣家が徳川家のように政権を永続化することができず、二代で滅ぼされてしまったことも、秀吉人気を高める要因になったといってよい。いわば、秀吉の判官贔屓《はんがんびいき》的側

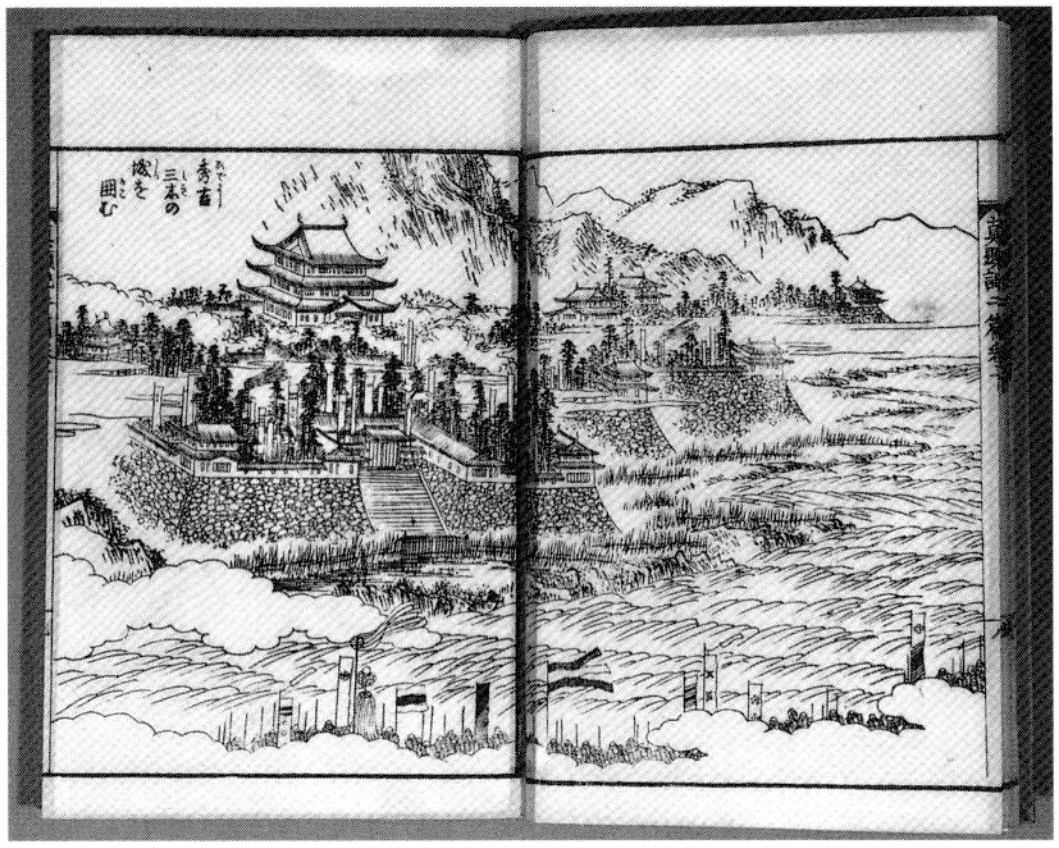

三木城攻め　（絵本太閤記）

面である。

九郎判官義経《くろうほうがんよしつね》が、平家を滅亡に追いこんでいく上で多大な戦功をあげながら、兄頼朝に疎外され、最終的に敗れて死んでいったことに対し、政権をとった頼朝よりも義経に親近感をもつのと同じで、政権を永続化させた家康よりも、秀吉が好きだというのは、まさに判官贔屓そのものである。これも、日本人の心情に共通するものといってよいかもしれない。

四、殺さずに勝つ秀吉の戦略

秀吉の戦略として特筆されることの一つに戦わないで勝つということがあげられる。戦いともなれば、軍事費もかさむし、何より、味方に犠牲も出て損失が大きいからである。秀吉は、できるだけ戦いにならないように、事前の調略を重視した。

調略のことを勧降工作などともいうが、敵に対し、味方になるよう勧め、戦わずに降伏させる作戦で、実際、秀吉はこの調略が得意であった。

体力・腕力の点で信長の他の家臣たちよりはるかに劣っていた秀吉が、トントン拍子の出世をすることができたのは、この説得と誘惑の特技のおかげだったといっても過言ではない。

たとえば、信長が美濃の斎藤龍興《さいとうたつおき》を攻めたとき、前田利家ら武功派武将を使って美濃に軍事攻撃をかけさせるとともに、秀吉を使って、斎藤龍興方部将に対する切り崩し工作を進めていた。そして、ある程度それに成功し、めどがたったところで、一気に攻め滅ぼしているのである。

「槍の又左《またざ》」といわれた前田利家よりも、秀吉の方が早く出世していったのは、信長が秀吉の説得と誘惑の特技を高く買っていたからである。このあと、秀吉は、美濃から近江に攻め込むときも同じように、敵と正面から戦うのではなく、敵の部将に寝返り工作を進めている。そのため、秀吉のことを「人たらしの天才」などと表現することもある。敵と戦ってどんどん殺すのではなく、殺さずに勝っていったところも、秀吉の人気が高い秘密である。

これは、信長の峻厳さとくらべるとよけいはっきりわかる。信長の場合、伊勢長島一向一揆との戦いにおいて最も顕著であるが、皆殺し作戦があたりまえだった。その点、秀吉は、皆殺しということはほとんどなく、大将一人が切腹すれば、城兵の命は助けるという方針で臨んでいる。播磨三木城攻め、因幡鳥取城攻めにおいてそのことをはっきり認めることができる。

戦国時代なので、信長のように、殺しつくし、焼きつくすという殲滅《せんめつ》作戦をとったとしても、それはある意味ではしかたがないという側面もあった。しかし、いかに戦国時代とはいえ、人が無雑作に殺されていくのは気持ちのいいものではない。敵をできるだけ殺さないという生き方に庶民は共感の拍手を送ったのである。

ところが、その秀吉のよさ、秀吉らしさというものが、晩年の文禄・慶長の役のときには影をひそめてしまった。晩年の秀吉に人気がないのも、このこととかかわっている。

五、アイデアマン秀吉への人気

秀吉が信長に重く用いられたのは、秀吉が頭の回転がよかったからである。そのことも秀吉人気を高めている要因に数えられる。たしかに、秀吉のアイデアマンぶりを伝えるエピソードは痛快であり、文字通り、快哉を叫びたくなるような物語でいっぱいである。

もっとも、そうした物語の中には、後世、秀吉人気が上がるにつれ、創作された話も少なくないので注意は必要であるが、実際にあったことがらからも、そのアイデアマンぶりを読みとることはできる。

いくつか例をあげておこう。よく知られている話に「百間石垣の修理」というものがある。これは、信長の家臣で、まだ身分が低かった秀吉時代のこととして有名である。

あるとき、大雨で清須城の石垣が百間にわたって壊れるということがあった。信長から修理を命じられた家臣が奉行となって工事を進めていたが、思いのほか時間がかかってしまった。その様子をみていた秀吉が、「こんなにかかっていては、いつ敵に攻められるかわからない。危ない」とひとり言をいった。実は、それは信長に聞こえるようにいったひとり言で、信長は秀吉の発言を聞きとがめ、「お前なら何日でできる」と聞くと、秀吉は「三日でやってみせます」と返事をし、秀吉が奉行となって工事を進めることになった。

秀吉は、百間を十間ずつ十組に分け、工事を競争で進めるというアイデアを使い、みごとに三日間で完成させたという。

その時代、清須城に石垣があったとは思えないので、このエピソードはどこまで史実だったかわからない面もあるが、仮に石垣ではなく、土塁にしても土塀にしても同じことである。秀吉が採用したこのシステムは、「割普請」といういい方をし、その後の築城工事においても一般的に使われることになる。

もう一つの例は、やはり築城工事に関してのものである。天正十一年（一五八三）九月一日から秀吉は大坂城の築城にとりかかるが、その三日前の八月二十八日、秀吉は、大坂城普請総奉行の黒《くろ》田《だ》如水《じょすい》に宛てて五ヵ条の覚書をしたためている。

これは、それまでに秀吉がかかわってきた築城の経験をふりかえり、改善すべき点を五項目にまとめたものであった。注目されるのは第三条で、そこには、片側通行を指示する内容が書かれていた。

豊臣秀吉像　市立長浜城歴史博物館蔵
明治８年に京都画壇の重鎮・塩川文麟が描いた秀吉像。秀吉の馬印として、江戸時代の人々に馴染んでいた「千成瓢箪」が、背後に立てられている。

当時のふつうの道は狭く、石垣を運び終わってもどってくる人と、これから積みにいく人が一本の道でぶつかって不都合な事態が生じていた。そこで秀吉は、「片に寄りて」、つまり片側に寄って通行することを命じたのである。わが国の左側通行の原則は、このときはじまったとする人もいるくらいである。

たしかに、当時、石を運ぶ人足だけが移動するはずはなく、それを監督する武士も移動するわけで、武士は左の腰に刀を差しているので、いきおい、片側通行は左側通行を意味したことになる。〝コロンブスの卵〟と同じで、いわれてみればどうということはないが、それを最初に指示した秀吉のアイデア勝ちといってもよい。

その他、堤防をつくったとき、秀吉は片側の堤防の上部を平にし、道路として使わせたという。ふつう、堤防は、両側とも土を盛りあげ、山形になるところを、片側だけ平にしたわけである。今日の総合開発のはしりといった趣がある。

六、秀吉をとりまく人びとの魅力

以上、一から五まで、秀吉の人間的魅力についてふれてきたが、最後に、秀吉をとりまく人びとの魅力についてふれておきたい。秀吉人気の背景に、秀吉のまわりの人びとの魅力というものも大きく関係していると考えるからである。

一人は何といっても妻のお禰すなわち、北政所である。前述したように、苗字をもてなかった秀吉が、お禰と結婚して木下を称するようになったことからも明らかなように、秀吉にとっては、お禰のおかげで身分の上昇ができたようなものである。

そのお禰を少しでも楽にさせたいとの思いで一所懸命働いたことが出世につながったわけで、お禰の存在は大きなものがあった。また、お禰も秀吉のよき相談相手で、家の奥にひっこんで「奥様」になっているような女性ではなく、その意味では秀吉の共同経営者といってもよい存在だったように思われる。

秀吉との間には子どもはいなかったが、福島正則・加藤清正ら、いわゆる「子飼いの武将」をわが子のように育てていた。

そしてもう一人は弟の秀長である。秀吉が晩年、それまでの庶民的な陽気さが失われていったのは、秀長の死が一つのきっかけになっており、その意味からも、弟秀長の存在がいかに大きかったかがわかる。

歴史上の兄弟をみていくと、先に判官贔屓のところで名前を出した頼朝・義経兄弟、さらには室町幕府を開いた足利尊氏・直義兄弟にしても、創業時には手をとりあって邁進しながら、ことが成ったあと敵対してしまうというケースが少なくない。

その点、秀吉・秀長兄弟は、天下統一の過程で、たとえば、四国攻めのとき、秀吉が病気で出陣できない代わりに秀長が大将になったり、また、九州攻めのときには、秀吉が肥後路から薩摩に向かい、秀長が日向路から薩摩に向かっており、まさに「兄弟は左右の手」であった。秀吉は、名補佐役ともいうべき弟秀長がいたからこそ統一の覇者になることができたといっても過言ではないように思われる。

他に、黒田如水や竹中半兵衛重治のような脇役にも恵まれていた点も忘れることはできない。秀吉人気の要因の一つに、こうした脇役の存在、脇役に支えられた秀吉という視点も重要ではないかと考えている。

おわりに

「人間・秀吉の魅力」について論ずるとき、かなり古い論文ではあるが、すでに先人によって指摘されているもので取りあげておきたい研究がある。それは、笹川臨風氏の「豊太閤の生立」(『歴史公論』五巻十号、一九三六年)で、そこに、

……由来日本人は明るい人種で、明るい所を好む特性がある。日本晴がしたやうだとは、日本人の理想で、国民気質の長所は此所にある。豊太閤は最も能く之を代表して居るから、日本英雄の最好模型である。

と記されている。

実際、明るい秀吉は魅力的である。その明るい秀吉が、どうして変わってしまったのかはつぎの課題である。

秀吉の死

—豊国大明神となる—

4　豊国祭礼図屏風（右隻） 豊国神社蔵
豊臣秀吉の七回忌を記念して、慶長９年（1604）８月12日から19日にかけて開催された豊国大明神臨時祭を描く。右隻には、豊国社を背景に、８月14日に行われた神官馬揃えの行事と、田楽・猿楽奉納の様子がみえる。

豊国祭礼図屏風（左隻） 豊国神社蔵

左隻には、方広寺大仏殿を背景に、８月15日に行われた京都町衆による風流踊の大円舞を描く。右隻・左隻とも、豊臣秀頼が片桐且元に命じて、狩野内膳に描かせたもので、慶長11年（1606）に奉納された。

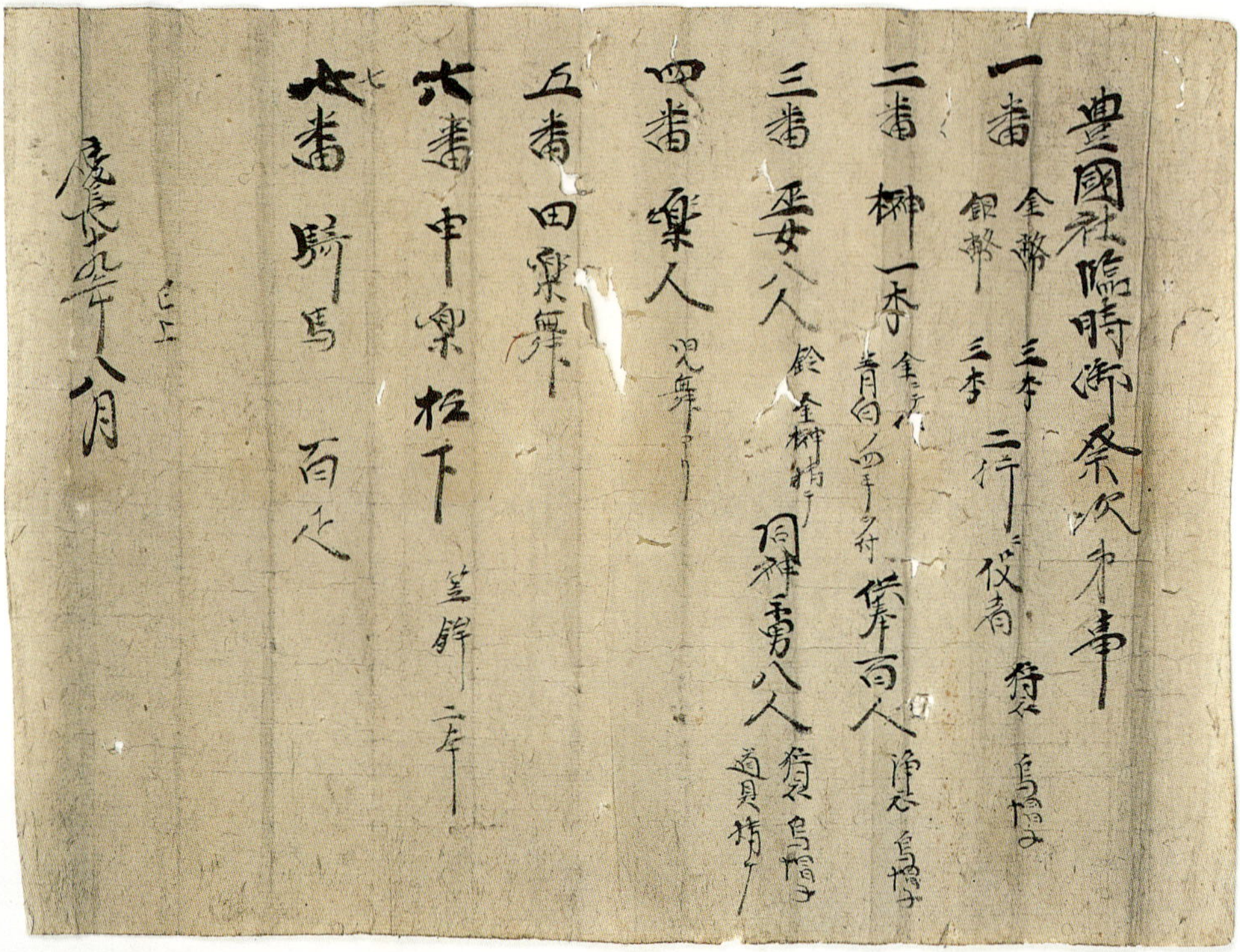
豊國社臨時御祭次第事
一番　金幣　三本　銀幣　三本　二行　伇者　狩衣　烏帽子
二番　榊一本　金ニテ付　青白ノ四手ヲ付　供奉百人　浄衣　烏帽子
三番　巫女八人　鈴　金榊持テ　同神子男八人　狩衣　烏帽子　道具持ツ
四番　楽人　児舞アリ
五番　田楽舞
六番　申楽　松下　笠鉾　二本
七番　騎馬　百疋
慶長十九年八月　日上

5　豊国社臨時祭次第書　豊国神社蔵

慶長19年（1614）におこなわれる予定の臨時祭の一番から七番までの行事次第を書き上げたものである。稚児の舞を含む楽人・田楽舞・猿楽・騎馬などにぎやかな祭礼のようすがわかる。

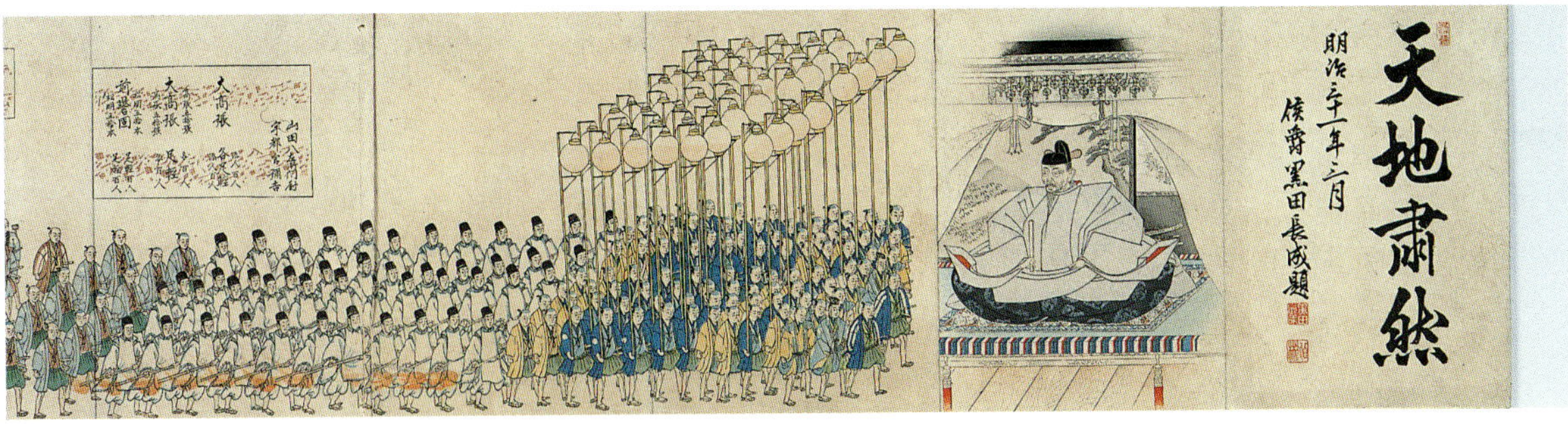

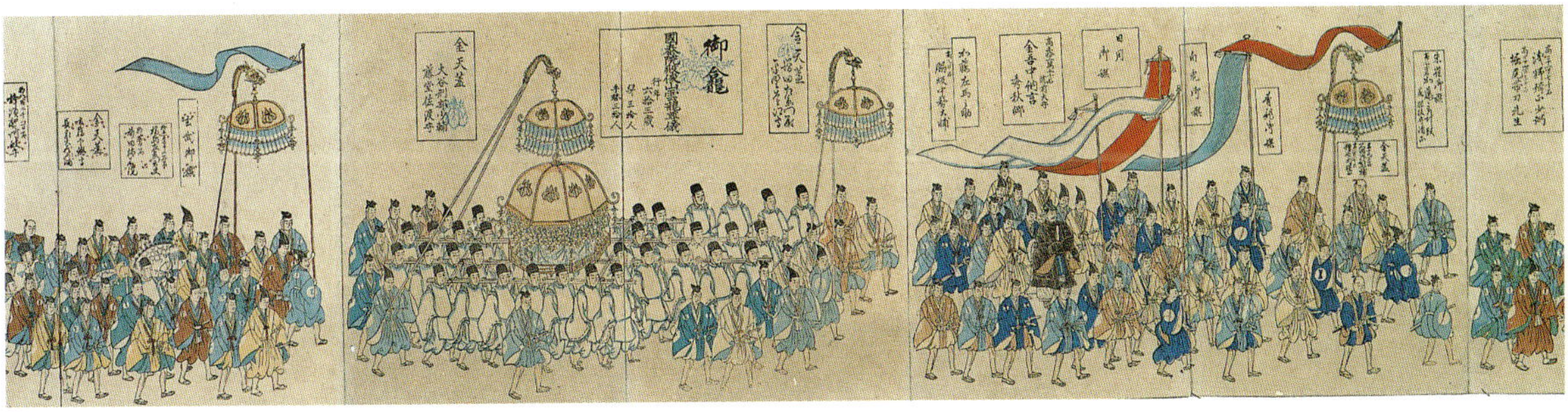

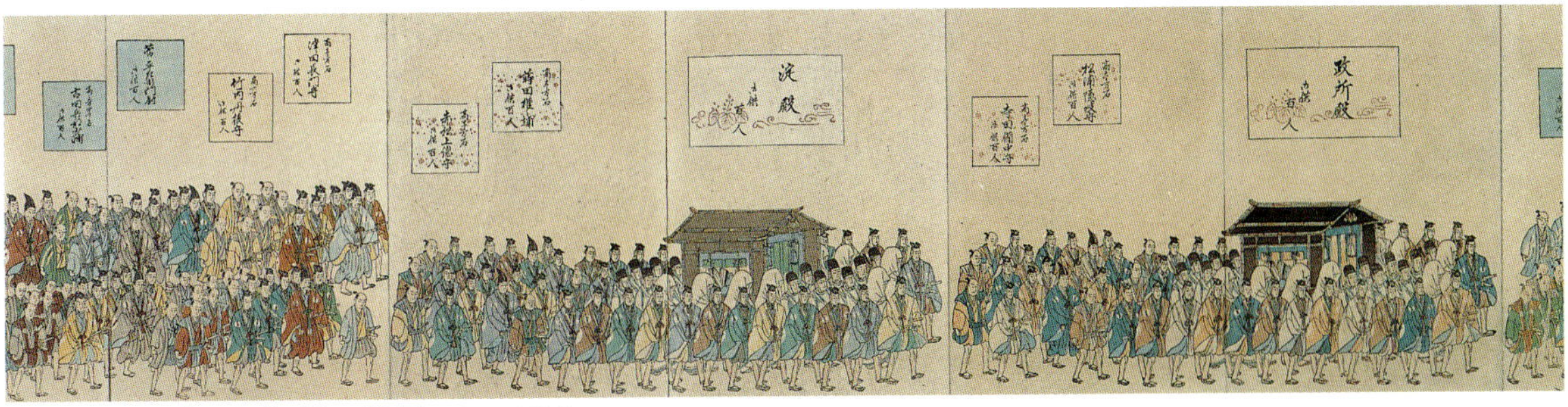

7　豊公御葬式行列絵図　豊国神社蔵

豊太閤三百年祭に出版された木版刷りの折本仕立ての絵図である。秀吉は、慶長の役の最中に没したので、極秘の内に阿弥陀ヶ峰に葬られた。本図は、後世秀吉崇拝の隆盛とともに、想像上の葬式行列を描いたもの。

3「豊国大明神」神号　名古屋市秀吉清正記念館蔵
木下家に伝来の神号で「豊国大明神　秀頼十歳」と記されている。

豊臣秀吉像　長浜八幡宮蔵
唐冠を被り鼠色の指貫の上に、白地花菱文様の直衣をつけた秀吉像。像容は新日吉神社本系統の一つだが、猿面はかなり柔和に描かれている。寛政９年（1797）に秀吉二百回忌の本尊として長浜八幡宮で制作されたもの。

秀吉の死　豊国大明神となる

京東山阿弥陀ヶ峰に埋葬

津田三郎

秀吉の廟墓
明治31年に阿弥陀ヶ峰の山頂に再興された。

箝口令下《かんこうれいか》の密葬

豊臣秀吉は慶長三年（一五九八）三月に催した醍醐の花見のあと、病魔に襲われて病床に伏し、その年八月十八日、伏見城で生涯を終えている。六十二歳である。

このとき秀吉の柩《ひつぎ》は、その日の夜半、城内の者たちの見送りもなく秘かに伏見城から運び出されて、京の東山にある方広寺大仏殿の裏手にある阿弥陀ヶ《あみだが》峰《みね》に向かっている。供奉したのは五奉行のひとりであった前田玄以《まえだげんい》ただひとり、あとは柩を担ぐ数人の人足たちだけであったと、『武徳安民記』は伝えている。

当時、朝鮮の役（慶長の役）のさな

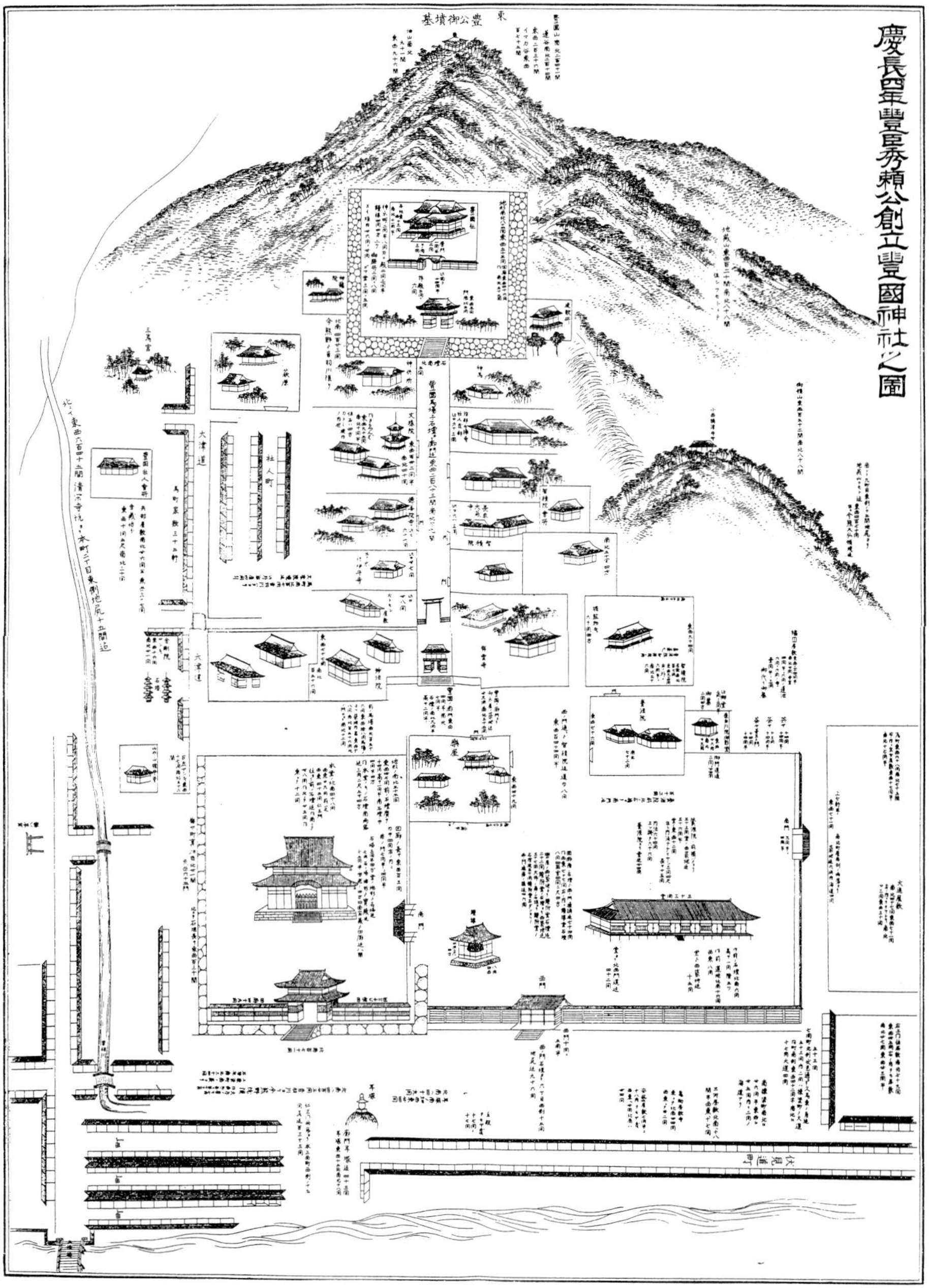

6　慶長四年豊臣秀頼公創立豊国神社之図　津田三郎氏蔵

本図は明治31年豊太閤三百年祭に際して銅版刷で発行、募金協力者に優先的に配布されたものである。

かであった。そのため前線の将兵たちに動揺と混乱を与えてはならないと、秀吉の訃報は朝鮮から全軍が無事撤退を完了する日まで伏せねばならなかった。〈箝口令〉である。

　そのため秀吉の柩は、人々に気取られぬよう、通常の野辺送りの葬列を装って城外に出、伏見街道を北へ向かった。阿弥陀ヶ峰は当時鳥辺山と呼ばれ、平安の昔から京有数の葬送の地であった。通夜を営まず、没したその日に柩が運び出されたのには、いまひとつ理由があった。秀吉は生前から神となることを望んでいたからである。〈神葬〉である。

　秀吉は文禄二年（一五九三）十一月に、自らを権威づけるために「自分は日輪（神）の子である」と、〈日輪受胎説〉を自身の口から唱えはじめ、神のもつ神威・霊威に深い関心を示していた。

　そして晩年になると、死後八幡神のような神となって祀られることを望んでいた。

　八幡神は古くから王城鎮護の神、領国守護の神といわれて全国津々浦々に鎮座していた神で、武士たちからは武神・守護神として深く尊崇されていた神である。神仏習合の影響を受けて〈八幡大菩薩〉と仏名で呼ばれることもあり、仏像と同じように八幡神像まで造られていた。

　当時来日していたイエズス会宣教師フランシスコ・パシオは『太閤秀吉の臨終』と題した報告書の中に、秀吉は、「シンハチマン、すなわち新しい八幡と称されることを望みました」と記録している。

　当時日本の神祇界は、文明年間（一四六九～八七）に京の吉田社の神官吉田兼倶《よしだかねとも》が創唱しはじめた〈唯一神道説〉が広く流布していて、吉田家は、当時の神祇社会の頂点に立った一大神道宗家であった。

　吉田兼倶の唱えた唯一神道説とは、日本古来の神々が仏教に押されて、仏に従属しているのは不自然であると、日本古来の神々を仏の束縛から解き放して、神々の復活を謳いあげた画期的な神道説であった。そしてさらに、神々を復活させたばかりか、日本古来神道祭祀をも復活、なかには密教思想を取り入れた新しい神道祭祀、神事作法を編み出していた。

　この吉田神道では、人を神として祀る場合、遺体に不浄なものが取り憑《つ》くのを忌み嫌って、その日のうちに埋葬している。〈神葬〉である。

　因みに徳川家康も元和二年（一六一六）四月十七日に駿府城で没すると、当初吉田神道で神として祀ることになり、巳の刻（午前十時）に没した家康は、秀吉と同じように通夜を営まず、その日の夕刻、駿府城から運び出されて、久能山の山頂に埋葬されていた。

大仏山寺の鎮守社

　秀吉は、死後神となって祀られることを望んでいた。そのことは秀吉の遺言であった。『御湯殿上日記《おゆどののうえのにっき》』によると、前田玄以が禁中に参内して、阿弥陀ヶ峰に神廟を築いて秀吉を祀ることは、秀吉の遺言であることが報告されていた。

　この秀吉の遺言に基づいて東山方広寺大仏殿の裏手、阿弥陀ヶ峰の西麓一帯で、秀吉を祀るための神廟の造営工事が開始されたのは、秀吉の死から半月ほど経った九月六日である。作事奉行となった前田玄以が阿弥陀ヶ峰一帯で社殿造営のための縄張りを行なっている。だが、箝口令下である。九月十

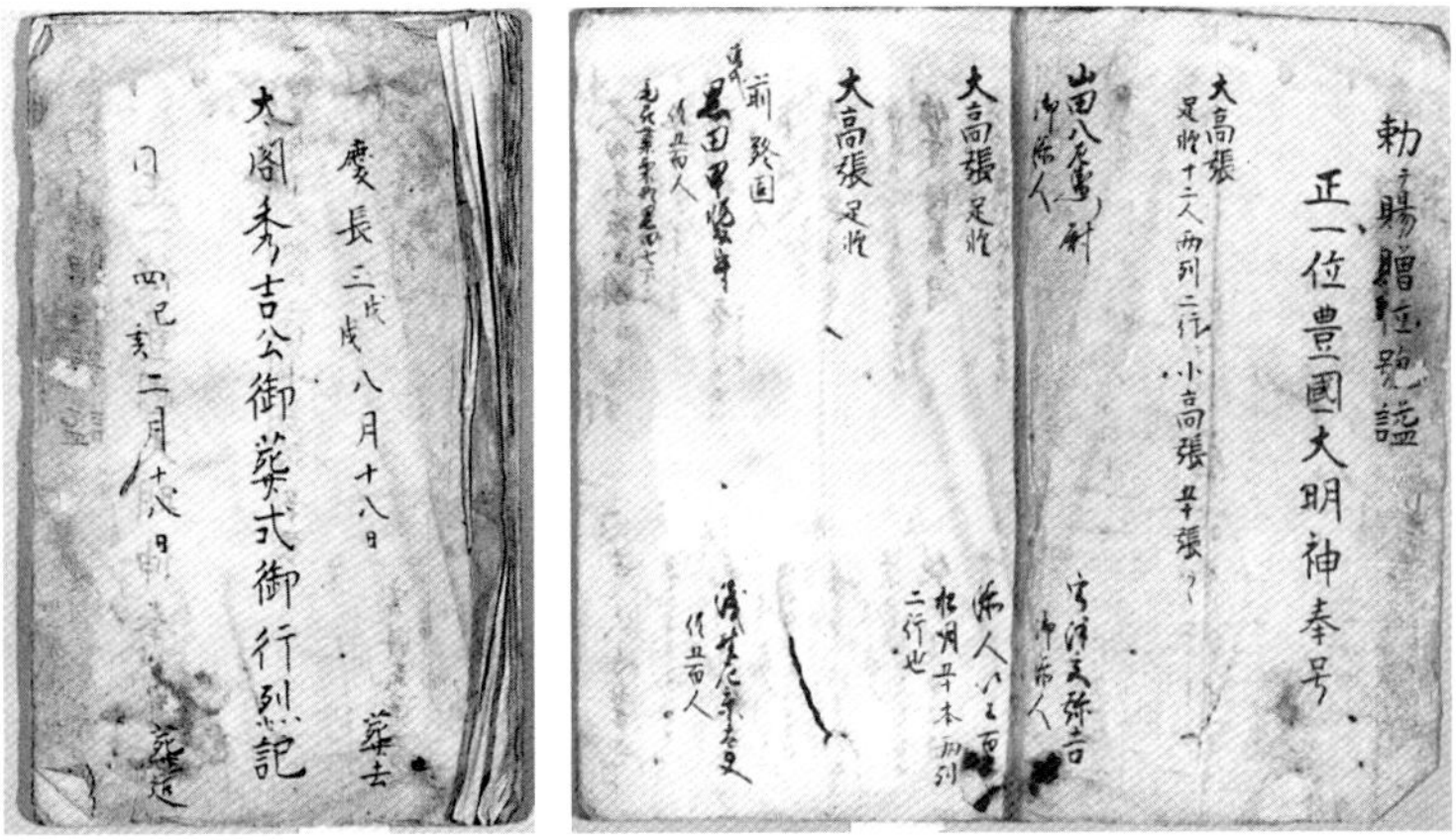

8　太閤秀吉公御葬式御行列記
名古屋市秀吉清正記念館蔵
江戸時代につくられた秀吉の架空の葬列である。

一日に釿《ちょうな》始《はじ》めの式（『平内吉政手記』）が行なわれ、十五日には地鎮祭が行なわれたが、このとき醍醐三宝院の義演は、高野山の木食《もくじき》応其《おうご》上人《しょうにん》より大仏山寺（方広寺大仏殿）に鎮守社を建立するということで呼び出され、地鎮祭を行なっていた（『義演《ぎえん》准后《じゅごう》日記《にっき》』）。方広寺大仏殿に鎮守社を建立するというのが表向きの理由であった。

　箝口令が解けたのはその年慶長三年十二月十八日であったようである。懸案であった朝鮮からの撤退作戦は、朝鮮側に秀吉の死が知られてしまい困難をきわめたようで、十二月十日島津義弘隊の博多帰着によって、全軍の撤退が完了したといわれている。それから八日経った十二月十八日、『義演准后日記』によると、五大老のひとり徳川家康は諸大名を引き連れて阿弥陀ヶ峰に向かっている。十八日は、秀吉の月命日である。家康は、阿弥陀ヶ峰で造営中の社殿や秀吉の柩を納めた山上の墓所などを諸大名に実見させて、その場ではじめて秀吉の死を打ち明け、神として祀ることを伝えていたのではないのだろうか。

　このとき箝口令が解けて、秀吉の死と秀吉を〈新八幡〉として祀ることが公表されたのか、前田玄以は翌十九日から禁中をはじめ吉田神道家を訪ねるなど、あわただしく動き出している。

新八幡社から豊国社へ

　箝口令が解けたためか、〈大仏山寺ノ鎮守社〉は、慶長四年に入ると、〈新八幡社〉〈新八幡宮〉と呼び名が変わって、京中の人たちの口の端にのぼっていた。

　だが、秀吉の遺言通りに事は進まなかった。そのことを仙台藩伊達家の家臣が書いた『伊達《だて》成実《しげざね》記』が、「秀吉公、新八幡ト祝申スベキ由御遺言ニ候ヘドモ、勅許ナキニヨッテ、豊国ノ明神ト祝申シ候テ東山ニ宮相定メラレ候」と伝えていた。朝廷が難色を示し、「勅許ナキニヨッテ」新八幡として祀ることを断念、吉田神道の神事作法で神として祀ることに変更を余儀なくされたというのである。

　没したばかりで、いまだ霊威も生じていない者を〈新八幡〉などと号して日本古来の神々の中に加えることには、たしかに違和感があった。

　だが、神廟が造営されて正遷宮祭が営まれた慶長四年四月十八日の日まで

京都豊国神社唐門（国宝）
絢爛な桃山風建築で豊国神社の明治の再営にあたって、本殿正門として移築されたものである。

世上では、この神廟を〈新八幡宮〉〈新八幡堂〉と捉えていた。『当代記』もこの日の条に「阿弥陀ヶ峰新八幡堂へ各社参、是太閤秀吉公を神に崇め奉り、八幡大菩薩と号す也」と、風聞のみで記していた。

吉田神道の神事作法で神となった秀吉に後陽成天皇より〈豊国大明神《とよくにだいみょうじん》〉の神号が贈られて、この神号に因んで〈豊国社《とよくにしゃ》〉と名付けた神廟が誕生したのは、この正遷宮祭のときからである。

豊国大明神を祀る豊国社建立

正遷宮

阿弥陀ヶ峰の西麓に秀吉を祀る神廟が創建されて、慶長四年四月十六日から八日間にわたって盛大に正遷宮祭が営まれている。

なかでも四月十八日、秀吉が豊国大明神の神号で豊国社に鎮座すると、翌十九日徳川家康が大坂城にいる幼い秀頼（当時七歳）に代わって名代を務め、秀吉の神前に奉幣した。のちに豊国社は、この家康によって破却されてしまうのである。

期間中、正遷宮祭に相応しく、境内の舞殿では万歳楽《ばんせいらく》や太平楽《たいへいらく》、陵王《りょうおう》、納曽利《なそり》などの伶人舞楽《れいじんぶがく》が演じられ、金《こん》春《ぱる》・観世《かんぜ》・宝生《ほうしょう》・金剛の能楽四座が神事能を奉納するなど、連日神賑行事が続いている。この間、公卿、門跡をはじめ諸大名の社参が陸続と続き、『義演准后日記』が「群集限リ無シ」と伝えるように、神となって祀られた秀吉の神廟をひと目見ようと、押し寄せて来る「貴賤上下」の人たちによって、阿弥陀ヶ峰一帯は埋め尽くされていた。

天下人秀吉にふさわしい豪壮華麗な神廟であった。方広寺大仏殿の裏手に、秀吉が三歳で夭折した最初の嫡男鶴松（棄丸）の菩提を弔うために建立したという、都一番の寺と謳われた華麗な寺・祥雲寺《しょううんじ》（現・智積院）があった。この祥雲寺と方広寺大仏殿の住職の住む照高院御殿（現・妙法院）の間に、豊国社の入り口を示す二層の楼門が立っていた。間口七間半（約一三・六m）、奥行四間半（約八・二m）。黒漆に蒔

豊国廟拝殿
慶長時代、かつて豊国社の社殿が立ち並んでいた跡地に新たに拝殿御供所・手水舎・廟務所などが明治31年（1898）建てられた。

絵が施された華麗な楼門である。この楼門をくぐって中に入ると、幅九間（約一六ｍ）、長さ二八三間（約五一五ｍ）という、ゆるやかな長い坂道の参道が一直線に阿弥陀ヶ峰に向かっていた。〈豊国馬場〉と呼ばれた参道である。

この坂道の参道の両側に、秀吉臨終の際に転迷開悟を説いたといわれる高野山の木食応其上人の開いた文珠院や、石田三成、黒田孝高、前田玄以、長束《なつか》正家《まさいえ》など豊臣家の重臣たちの殿舎が土塀を連ねて並んでいた。豊国社の外苑部である。

そして、この参道をのぼり詰めた突き当たりに間口五間（約九ｍ）、奥行三間（約五・五ｍ）という朱塗りの華麗な中門があって、この中門を中心にして左右に朱塗りの柱に白壁という見事な回廊がめぐっていた。この回廊で囲まれた東西四六間（約八三・六ｍ）、南北五九間（約一〇七・三ｍ）という広大な神廟内苑内に、さらに透《す》かし垣で囲まれた本殿をはじめ、舞殿・神宝殿・神供所・護摩堂・鐘楼・鼓楼などの華麗な社殿が整然と並んでいた。

そして、本殿背後の阿弥陀ヶ峰の山上に、秀吉の柩（甕棺《かめかん》）を納めた方形造りの廟堂があった（『豊国社古図』、『舜旧記』、『洛中洛外図屏風』）。

社領一万石、社域三〇万坪。秀吉は阿弥陀ヶ峰の山上にいて京の町を一望しながら、足元にひろがる豊国社の社頭の賑わいを耳にしながら心地よい眠りについていたはずである。

例大祭

創建された豊国社では、毎年正遷宮祭が営まれた四月十八日と秀吉の祥月命日にあたる八月十八日、前後三日間にわたって例大祭が営まれている。毎年この例大祭には、朝廷より勅使が差し向けられ、大坂城からも秀頼の名代が来てそれぞれ奉幣《ほうへい》、湯立《ゆだて》神楽《かぐら》をはじめ能好きであった秀吉を慰めるために能楽を奉納するなど、盛大に祭りが行なわれていた。

そして、秀吉の月命日にあたる毎月十八日には月例祭が、朔日、十一日、二十一日には旬の神事と、月々の神事も厳粛に行なわれていた。

この年二季の例大祭と月々の神事は、慶長五年（一六〇〇）の関ヶ原の合戦後ももちろん、慶長二十年（一六一五）の大坂夏の陣後、家康によって

豊国神社正面
京都市東山区大和大路通正面茶屋町

豊国社破却の沙汰が出されるときまで、なんら変わることなく続いていた。

　創建当時、この豊国社の社務を統括していたのは、当時日本の神祇界の頂点に立っていた吉田神道家の五代目を務めた吉田兼見《よしだかねみ》である。宮司はその子六代目当主の吉田兼治、社僧は兼見の弟神龍院梵舜《しんりゅういんぼんしゅん》であった。

　吉田兼見は、後陽成天皇をはじめ織田信長、明智光秀、秀吉など戦国の武将たちと親交をあたため、安土・桃山の時代を精力的に駆けまわっていた神道家で、『兼見卿記』を書き残したことでも知られていた。

　また神龍院梵舜は、吉田家の氏寺神龍院を預かる僧侶であったが、豊国社創建の際に兄兼見によって豊国社の社僧となったが、吉田神道の教義に精進した神道家としても知られており、家康から「古典籍に造詣が深い博識の者」と賞された人物である。

　豊国社は、創建当初、この三人の体制でスタートするが、のちに豊国社を末長く奉祀していくために社家として新たに萩原家が興され、兼治の子兼従が吉田家を離れてこの豊国社の社家となり、宮司萩原兼従、別当神龍院梵舜のふたりによって豊国社は守られていった。なお梵舜もまた『舜旧記』と題する厖大な日記を書き残しており、豊国社の別当が書き綴った豊国社の栄枯盛衰を物語る貴重な史料といわれている。

　もちろん豊国社には、宮司・別当のほかに、祝《はふり》十二人、祢宜《ねぎ》二十人、神供所十人、巫女《みこ》八人、神楽男《かぐらお》八人、黄衣二十人など、庭掃きの者、触れ口の者まで加えると、ゆうに百名を超える社人たちがいた。この社人の数から推しても、豊国社は豊臣家の始祖秀吉を祀る社として、豊臣家が威信をかけて特別の庇護を加えた、かなり大規模な神廟であったことが判然とする。

秀吉七回忌豊国社臨時祭

　慶長九年（一六〇四）は秀吉の没後七回忌にあたっていた。そこで、この機会を捉えて秀吉追慕・太閤賛美の旋風を巻き起こし、翳りのみえはじめた豊臣家から暗雲を拭い去ろうと、豊国社の臨時祭が企画された。仕掛けたのは豊国社の創建に参画した吉田兼見と別当の神龍院梵舜、それに関ヶ原の合戦後、豊臣家の番頭格となっていた片桐且元の三人である。

豊国社が創建された翌年慶長五年（一六〇〇）、関ヶ原の合戦があって、勝利した家康は、豊臣家一門の九十三大名を処分、秀吉の後継者秀頼も摂津・河内・和泉三ヵ国六十五万石の一大名に封じ込められていた。そして慶長七年の暮れには豊臣家の前途を暗示するかのように、秀吉が豊臣家の繁栄を祈願して建立したという方広寺大仏殿が、火災によって豊国社の門前から姿を消している。

ところが対照的に、家康は翌慶長八年、天下普請によって二条城を築城、秀頼を出し抜いて征夷大将軍に就任、二条城で連日祝賀の宴を催していた。

年ごとに豊臣家に暗雲が垂れ込めていた。

五月十九日、梵舜は片桐且元とともに伏見城に家康を訪ねて、臨時祭の内容について報告、打ち合わせを行っている。

このとき梵舜は「一番騎馬三十疋、狩衣。二番田楽十人。三番上京・下京之町人花笠ヲ作り鉾ニテ罷出候事……」（『舜旧記』）と報告、家康の了解を取り付けていた。だが、実際に行なわれた臨時祭は、京の町衆たちを動員した大規模な祭りであった。

臨時祭は八月十二日の湯立神楽で幕を開け、十九日の伶人舞楽で終っている。なかでも圧巻であったのは、十四日に行なわれた神官馬揃えと能楽四座による新作能の奉納。それに十五日に行なわれた風流踊りの大乱舞である。

神官馬揃えは、狩衣《かりぎぬ》に金襴指貫《きんらんさしぬき》という着飾った神官二百名が、諸大名から提供された二百頭の馬にまたがり建仁寺門前を出発して豊国社に向かっている。先頭を行くのは雑色が捧げ持った高さ二m余りの金の御幣と金の榊。そのあとを風折烏帽子姿の浄衣の者が百人続いた。「一番騎馬三十疋」どころではない。建仁寺を出発した馬揃えの行列は豊国社入り口の楼門をくぐって中に入ると、長い坂道の参道を二列になって進んだ。そして神廟入り口の中門前で、〈天下泰平、国土安全、武運長久〉を願って願文を奉上している。織田信長の〈天下布武〉をほうふつさせる馬揃えである。この日、楼門前の桟敷席で見物していた醍醐三宝院の義演は、馬揃えの行装のあまりの美しさに驚目している。

またこの日、参道入り口の楼門前に設けられた特設の舞台では、田楽衆が三十人面白おかしく田楽踊りを演じたあと、能楽四座がそれぞれこの日のために書き下ろしたという新作の能を奉納している。能好きであった秀吉のために新作の能を見せてほしいという秀頼の依頼であった。『舜旧記』によると、この日演じられた新作の能は、金春〈橘〉、観世〈武王〉、宝生〈太子〉、金剛〈孫思邈〉であった。『豊国大明神祭礼記』によると、能楽衆の打ち囃す太鼓、小鼓の音で「天地響渡リ、社壇動クバカリ」であったと伝えている。

そして十五日には、風流傘《ふりゅうがさ》を押し立てた踊りの集団が京の町々から繰り出している。それぞれ紅梅摺《こうばいず》りの花笠を被り、手に手に玉椿や桜などの作り花（造花）を持った町衆たちが、太鼓、小鼓、津島笛の拍子に合わせて跳ね踊った。絢爛豪華な風流踊りである。

踊りの集団はおよそ百名を一組とした五組。先頭に〈小川組〉〈西陣組〉〈六丁町組〉などと町組の名を記した

各地へ勧請された豊国社

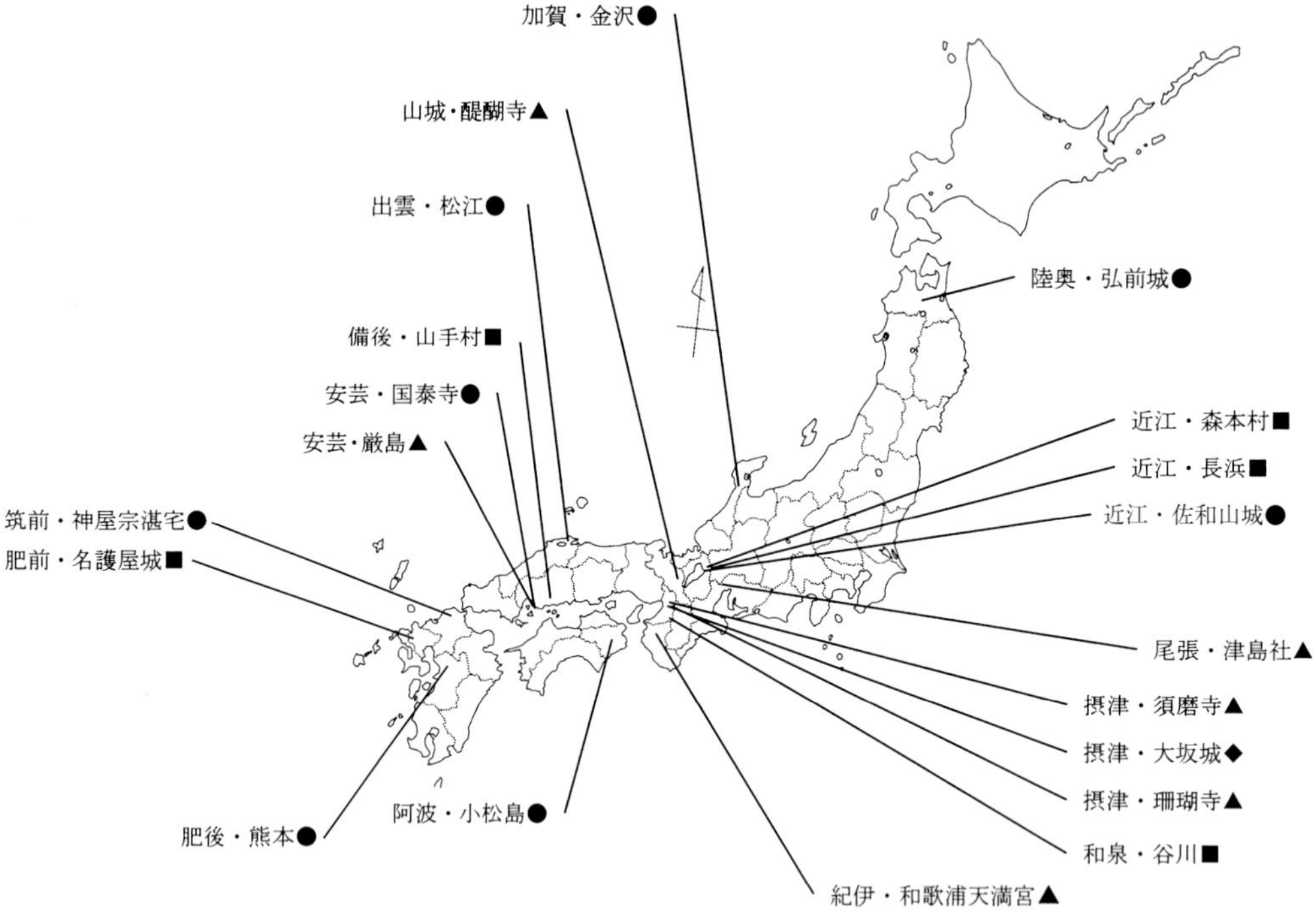

大名によって自領内への勧請された豊国社	●
寺社境内に勧請された豊国社	▲
秀吉ゆかりの地への勧請された豊国社	■
秀頼によって勧請された豊国社	◆

＊この図は北川央氏の「豊臣秀吉像と豊国社」(『肖像画を読む』(角川書店)所収)をもとに作成したものである。

方広寺大仏殿銅製風鐸
（京都市指定　文化財）
慶長17年（1612）の銘文がある事から秀頼によって再興された大仏殿に懸けられていたもの。

方広寺鐘楼
大坂冬の陣・夏の陣のきっかけとなり、やがて豊臣氏を滅亡に導いた鐘が今も残る。

大団扇を掲げ持って、孔雀を飾った傘鉾など、贄を尽くした巨大な風流傘を中央にして、踊り衆が二重、三重と輪を描いて踊っている。そしてさらにその周辺では、大黒・布袋・毘沙門天など福神に扮した仮装集団や、『曽我物語』や『義経記』などに登場する人物に扮した仮装集団なども繰り出して、面白おかしく仮装行列を続けていた。

この踊りの渦は豊国社のある阿弥陀ヶ峰の一帯ばかりか、都大路をも練り歩き、町は興奮のるつぼと化していった。この踊りの乱舞をみるために、町のいたるところに桟敷が設けられていて、その数二千三百余カ所と『豊国大明神祭礼記』は伝えている。

京の町を太閤賛美、秀吉追慕一色に塗り潰した、都はじまって以来の祭りとなった。このとき熱狂的に踊りまくった京の町衆たちの姿は『豊国祭礼図屏風』（狩野内膳《かのうないぜん》筆・豊国神社蔵）に生き生きと描かれて、今日に伝えられている。

だが、当初臨時祭の開催に協力的であった家康は、秀吉を追慕して熱狂的に乱舞する京の町衆たちの様子を聞いて、太閤賛美・秀吉追慕の大合唱は西

京都高台寺お霊屋
北政所（おね）は寛永元年（1624）9月6日、76歳で没する。遺体は翌日、霊屋に埋葬された

国大名を刺激することにもなりかねないと、以後、幕府の忌避するところとなっていった。

このあと慶長十五年（一六一〇）に秀吉十三回忌の臨時祭が行われている。ところが、徳川方の締付けによって、毎年行なわれる例大祭と同じ日程で、八月十七日湯立神楽、十八日勅使・名代を迎えての式典、十九日神賑行事と三日間行なわれただけである。とりわけ神賑行事は、天王寺・南都・京都の伶人四十五人による舞楽と田楽衆三十人の田楽踊り、神馬十二頭の馬揃え、金春・金剛二座の神事能と、規模を縮小した行事がつぎつぎと行なわれ、わずか一日で終っている。

そして慶長十九年（一六一四）の十七回忌の臨時祭は、方広寺大仏殿の落慶と開眼供養の祝祭行事と重なるとあって、慶長九年の臨時祭を上回る最盛大の祭りが企画されたが、〈鐘銘事件〉が勃発したため延期を余儀なくされたばかりか、その上、大坂の陣に突入したため実現しないで終っていた。

その後の〈秀吉〉

正遷宮祭から十七年経った慶長二十年（一六一五）、徳川家康は大坂夏の陣で豊臣家を倒すと、豊国社に対して社頭一円全面破却の沙汰をくだしている。その上、豊国大明神の神号を剥奪して秀吉を神の座から引きずり下ろし、秀吉を神として祀ることを禁じていた。豊臣家が滅亡したいま、豊臣家の始祖を祀った社など、徳川の治世には無用であった。

だが、このとき秀吉の正室であった北政所（高台院）が家康に懸命に嘆願、その結果家康は全面破却の沙汰を撤回（『東照宮御実紀』）、外苑部分を取り潰しただけで終っていた（『舜旧記』）。ところが、四年後の元和五年、この家康との約束事は反古にされて、豊国社は秀吉の眠る山上の廟堂だけを残して、他はすべて私的に破却されてしまったのである。

高台寺開山堂および庭園（名勝庭園）
開山堂は当時持仏堂とよばれた建物である。庭園は小堀遠州の作と伝える。

そして、ただひとつ山上に残されていた廟堂も、元禄十年（一六九七）秀吉の百回忌を迎えたときには、盗賊たちによって甲冑・太刀などの副葬品をすべて持ち去られてしまい、延享四年（一七四七）の百五十回忌の年には、廟堂の建物を取り崩されて、このときから秀吉の墓は野晒しとなったまま荒れ果てていき、明治維新を迎えていた。

だが、阿弥陀ヶ峰での悲惨な出来事をよそに、秀吉の三十三回忌に当たった寛永七年（一六三〇）、秀吉の伝記『甫庵太閤記』が出版され、寛政九年（一七九七）二百回忌の年には全七編八十四巻という厖大な『絵本太閤記』が出版されて、秀吉の出世譚が江戸時代、庶民の喝采を浴びていた。

そしてまた、秀吉の正室であった北政所の菩提所、京都東山の高台寺では、秀吉と北政所の遠忌の年が来ると、伏見城の遺構といわれた寺内の大方丈、小方丈に秀吉と北政所の木像や守り本尊、什宝類を展示して大がかりな開帳を行なっていた。

その高台寺が、奇しくも秀吉の廟墓が野晒しとなった百五十回忌の年に、秀吉の木像や守り本尊、什宝類を持って大坂の生玉社（現・生国魂神社）に出向いて、五十日間にわたって大がかりな出開帳を行なっていた。豊臣家滅亡後、百五十年ぶりの秀吉の里帰りとあって、大坂の人たちに大きな感銘を与えていたようで、江戸時代各地に勧請されていた豊国社がつぎつぎと消滅していく中、公然と秀吉と北政所の供養を続けていたのは、この高台寺だけであった。

豊国祭礼図屏風

秀平文忠

豊国祭礼図屏風（右隻）豊国神社蔵

豊臣秀吉の七回忌を記念して、慶長九年（一六〇四）に開催された豊国大明神臨時祭。この一大イベントの様子を描いたのが、京都・豊国《とよくに》神社蔵『豊国祭礼図屏風』（重要文化財）である。

豊国社の社僧神龍院梵舜《しんりゅういんぼんしゅん》が記した日記『舜旧記《しゅんきゅうき》』によれば、この屏風は秀吉の息子秀頼《ひでより》が片桐且元《かたぎりかつもと》に命じてつくらせたもので、祭礼の二年後の慶長十一年（一六一六）に奉納された。且元は、この臨時祭の企画者の一人で、秀吉の重臣でもあった。いわば主催者による祭礼の公式記録といえる。

この作品は、紙本金地著色の六曲一双の屏風で、一隻の大きさが縦一六七・五センチ×横三六五・〇センチ。右隻・左隻とも左下に「狩野内膳《かのうないぜん》筆」の署名と、判読不明の壺形印があることから、狩野内膳重郷《しげさと》の作とわかる。

近世初期風俗画と豊国祭礼図

豊国祭礼図屏風は、近世初期風俗画の一ジャンルとして位置づけられている。

近世初期風俗画は、十六世紀前半の室町時代末から十七世紀中頃までの江戸時代初期にわたる約一世紀半の間に描かれた、主として庶民の生活・風俗を主題とする絵画の総称である。戦乱の中で経済力をつけた庶民階層の台頭を背景として、現実の生活事象に関心を注ぎ、庶民が画面の主役となっている。それゆえに、美術史上の関心を集めるだけでなく、建築史、芸能史、服飾史、風俗史、都市交通史、商業史など、文化史・社会経済史のほとんどの分野にとって貴重な資料となっている。

近世初期風俗画は、まず当時の大都市・京都を主題として取り上げ、都市生活者の暮らしを描く「洛中洛外図《らくちゅうらくがいず》」として成立する。そして、そこから主題を個別化・独立化して、遊楽図、婦女図、祭礼図、歌舞伎図、合戦風俗図、公武風俗図、職人尽図、南蛮風俗図など、

豊国祭礼図屏風（左隻）豊国神社蔵

さまざまなジャンルに派生していく。

豊国祭礼図は、「祇園祭礼図」「加茂競馬図」「日吉山王祭礼図」などと並んで、祭礼図の中に位置づけられている。祭礼は、神事であるとともに、庶民の楽しみの行事でもあった。

しかし、他の祭礼図が毎年の恒例行事であるのに対して、豊国祭礼図は秀吉七回忌の臨時祭という、一回限りの単発行事に取材したものである。しかも秀頼自らが制作させた公式記録でもあり、記録性・資料性という意味では非常に貴重である。徳川幕府開設の翌年にあって、その大規模な祭礼の威容を世間に知らしめ、豊臣家の威厳を保とうとしたのであろう。

豊国祭礼図にみる臨時祭

八月十二日から十九日にかけて開催された豊国大明神臨時祭のうち、右隻には十四日の「神官馬揃え」「猿楽・田楽奉納」を、左隻には十五日の「風《ふ》流《りゅう》踊《おど》り」を描く。景観年代を（大仏殿を除いて）特定できる作品である。

地面と雲に金箔を用い、建物や人物、背景の山並みを彩色とする。構図としては、右隻・左隻とも西から東を向いて豊国社・方広寺方面を見たもので、東西の道筋は右下がり（順勝手）となっている。向かって右隻は、上半分は、豊国社を描く斜めの平行線が強調され、下半分は、門前の行列と壁の水平線が強調する構図になっている。対して左隻は、上半分が方広寺大仏殿を構成し清水寺と結ぶ斜めの平行線、下半分が門前の並行する四つの円の構図となっている。左右とも上半分に構造物を中心に据えながら、下半分がそれぞれ異なったリズム感を引き出している。

そして、大画面にあってとにかく描写が緻密で細かい。しかも大人数の人物像を扱っていながら、一人一人が丁寧に独立して描き込まれている。人と人との重なりもそれほど多くない。おおまかな規則性と個々の自由さによって、行事の整然とした行列と踊り乱れる町組、そして思い思いに祭りを楽しむ観衆それぞれの様子を見事に描き分けている。そこに記録としての客観性と、それを可能にした作者の技量、集中力、想像力がうかがわれる。

【右隻】

向かって右隻は、広大な豊国社を中心に据え、臨時祭の八月十四日の行事の様子を描く。十二日に湯立《ゆだて》神事で開

豊国社

幕した臨時祭は、十三日の行事が雨のため順延となったため、翌十四日に神官馬揃えと田楽・猿楽奉納が行われた。

豊国社は現在地に移転する前は、現在の妙法院《みょうほういん》・智積院《ちしゃくいん》付近にあった。本殿は、入母屋の屋根をもつ秀麗な神殿で、周りに透かし垣を廻らせ、手前に拝殿や鐘楼二棟を配する。参道には二つの二層建ての楼門と鳥居を設ける。国宝の唐門（伏見城遺構）は、もちろんこの当時まだ移築されていない。門前の南北に走る道路は現・東大路《ひがしおおじ》であろうか。この路を、北から南に向かって進む「神官馬揃え」の行列が描かれる。

秀吉と親交のあった醍醐寺座主義演《ぎえん》はその美しさに目を奪われ、『義演准后日記《ぎえんじゅごうにっき》』の中で以下のように記す。

「馬ハ諸大名役トシテ之ヲ出ス、紅ノ大フサ、紅ノタナワ、金銀ノ鞍《くら》、美麗《びれい》目ヲ驚カス、或ハ紫等也、馬ノ毛ヲソロヘ思イ思イ也、舎人《とねり》以下歴々也、乗リ衆ハ烏帽子《えぼし》、金襴《きんらん》ノ狩衣指貫《かりぎぬさしぬき》、青コトゴトク新調也」

諸大名から提供された二〇〇頭の馬に、豊国社・吉田社・上賀茂社の神官・楽人二〇〇人が乗っている。馬は緋色の房や手綱、金銀の鞍で飾り付けられ、神官たちは烏帽子に金襴の狩衣・指貫を着る。その規模は、信長が天正九年（一五八一）に行った京都御馬揃えをはるかに凌ぐ。

総門をくぐると、奥に二層建ての朱塗りの楼門がある。その前では仮説舞台を組んで、四人の演者が能を舞っている。

かつて『信長公記』を執筆した太田牛一《ぎゅういち》は、この臨時祭についても記録を残している。その著『豊国大明神臨時御祭礼記録』には、次のように記載される。

「猿楽《さるがく》四座ノ衆、新儀能一番宛作リ立テ、先《ま》ヅ金春《こんぱる》、其ノ次観世《かんぜ》、其ノ次宝生《ほうしょう》、其ノ次金剛《こんごう》、一度ニ四人面ヲ当テ、面箱モ四ツ持チ出シ、三《さん》バサ（三番叟《さんばそう》）モ四人コレヲ舞ウ、太鼓四丁、小鼓十六張ニテ、搓《も》ミ出シ打チ囃《はや》シ、天地響《ひびき》渡リ、社壇動クバカリ、殊勝サ感涙袖ヲ浸シ、定メテ明神モ感応ナサレ給ウ乎」

猿楽四座は、この臨時祭のために新作の能をつくり、金春座、観世座、宝生座、金剛座の順で、それぞれ四人が面を着けて演じたという。『舜旧記』によれば、この日の能は、金春が「橋」、

神官馬揃え

観世が「武王」、宝生が「太子」、金剛が「孫思邈」であった。画中は、四人とも翁面を着けて同じ舞を舞っていることから、「翁」もしくは「三番叟」の様子を描いているものと思われる。太鼓・小鼓の囃す音は社殿を揺るがすほどで、そのすばらしさに感涙し、きっと豊国大明神（秀吉）も感動していることだろうと、牛一は評している。

楼門をくぐると参道が延びているが、そこでも田楽が行われ、大道芸を披露する芸人と、それを見守る観衆がいる。階段上の中門の左右には、毛氈を敷いて観覧する人たちがいる。

見物人は、五条・三条橋の辺りから豊国神社まで立錐の余地がないほどであったという。

【左隻】

左隻は、巨大な方広寺大仏殿を中心に置き、八月十五日の行事を描く。遠方には清水寺も見える。

まず注目すべきは、この左隻には大きなフィクションがあるということである。景観年代が特定できると述べたが、実は方広寺大仏殿は、秀吉七回忌の一年半前、慶長七年（一六〇三）十二月四日にすでに焼失していた。

この大仏殿は、秀吉のつくったモニュメントの中でもひときわ大きく、その存在感ゆえにさまざまな洛中洛外図屏風にその姿を残している。しかし、慶長八年（一六〇四）の三月二十七日、徳川家康は自ら造営した二条城で、征夷大将軍に任じられ、以後、二条城は洛中洛外図にも取り入れられた。その影響力はそれまで上京《かみぎょう》・下京《しもぎょう》の南北でわけていた構図が、東野祇園祭と西の二条城という東西にわける構図に変わっていったほどである。

能楽奉納

方広寺大仏殿

秀吉の権威の象徴であった大仏殿を失った秀頼は、二条城を意識しながら、復興を期して豊国祭礼図の中に入れさせたのかもしれない。

ともかく大仏殿には、正面入口から金色の大仏の蓮台がごく一部だけのぞき、北側の入口からは大仏を取り囲む四天王の脚部が見えている。全体が見渡せないほどに大きい、という意味の表現である。

その前で、十五日のメイン・イベント「風流踊り」の大乱舞が繰り広げられている。この様子は『豊国大明神臨時御祭礼記録』の中に、克明に記録されている。

「踊《おどり》衆《しゅう》かみ下京五百人。上京三組。下京二組。おどりの仕立。何れも紅梅摺薄花笠。手に〳〵作り花を手にも持なり。金銀にたみて。細工の上手工夫を廻し。手柄を尽し、我不劣諸有結構を拵出立《こしらえいでた》て。衣香揆当。四方に薫んじ。花麗成様《かれいなるさま》。生便敷粧《おびただしきよそほひ》。古今様《ためし》少御事なり。上裁売《かみだちうり》（上立売）組百人。笠の花は玉椿。莪蓆《かしま》手に持花は芙蓉《ふよう》なり。下裁売《しもだちうり》組百人。物首《ものかしら》の笠鉾の花は鳳凰なり。新在家組百人。物首の笠鉾の花は桜なり。手に持花は色々草花なり。大太鼓。前波半入催一興。花車風流をかざって。花都《はるやか》なる出立《いでたち》にて。大鼓にかかり。平等大会と打鳴し。飛《とび》つ駁《はね》つ。踊上り飛上り。拍子を合。乱拍子。上《じょう》求菩薩《ぐぼさつ》と踏《ふみ》鳴らし。手を尽してぞ打たりける。笛は三巻。伊藤安仲指南にて。名にしおふ津島笛をぞふかせける。つしま笛と云《いふ》は。十界十如の声澄て。珍らしき吹様なり。小鼓は十一丁。面々各々とは云ながら。拍子を合囃立《はやしたて》。面白き感得不及言語《いふにおよばず》。実に生死の眠も覚ぬべし。御見物の中よりも。重く御所望なり。跳子百人に。一ツ充（宛）一ツ物と云事有。或は大黒《だいこく》。布袋《ほてい》。毘沙《びしゃ》門《もん》。鍾馗《しょうき》。大臣。山路牛に乗て笛を吹たる処あり。比丘尼胎《びくにはら》みたるを先に立《たて》。坊主の跡より団扇を持て仰ぎさすりつめりたる風情も有り。頼朝八州の射手を集め。色々様々思々異風躰を出立。富士のすそ野の鹿をからせて御覧ずる処あり。又判官義経一谷鉄皆が峰攻落したる処あり。百人充（宛）夫々品催興。諸有結構を巧み尽し。爰を肝要と出立て一手づゝ生便敷《おびただしく》誘なり。」

踊りには上京から二組、下京から五組の町組が出場し、合計五百人が参加した。さらには警備人五百人、床木《しょうぎ》持

風流踊り

ち五百人を動員している。

それぞれが町名を入れた団扇を立て、シンボルを戴いた笠鉾を中心に、二重・三重の円をつくって乱舞している。踊り手は、みな揃いの笠と着物をまとっている。中には南蛮風の衣裳や、七福神の仮装、植物を載せた帽子や、はてはタケノコの着ぐるみまで見える。まさに「カブキ者」といった思い思いの出で立ちで楽しんでいるさまがうかがえる。

この風流踊りの一群は、豊国社から御所までの間を行き来した。この踊りを見るために、市中には二、三〇〇ヶ所以上もの桟敷が設けられたという。まさに町中を興奮のるつぼに叩き込んだ超大型イベントだったのである。

臨時祭は、十六日の施餓鬼《せがき》・神楽《かぐら》、十七日の湯立の神事、秀吉命日の十八日の公家・大名の社参、そして十九日の伶人舞楽をもって終了する。政権を獲得しつつある家康に不信感をもち、秀吉に同情的だった町衆の鬱憤が、この一大イベントを爆発的に盛り上げたのである。

その後、慶長十五年（一六一〇）の秀吉の十三回忌の臨時祭は、徳川方の圧力によって規模が縮小され、慶長十九年（一六一四）の十七回忌臨時祭は、方広寺鐘銘事件のために無期限延期となってしまった。あれほどの規模で行われた臨時祭は、後にも先にも一回切りのこととなってしまった。

その意味でも、当時の人びとの熱気と力、そして秀吉への思慕をあますところなく「記録」したこの屏風は、秀吉亡き後の秀吉像の一コマを今に伝えるものとしてたいへん貴重である。秀吉は生前、軍神「新八幡」として祀られることを望んだとされるが、人びとにとっては、祭りの熱狂とハレの場を与えてくれる庶民的な「祭神」だったのかもしれない。

狩野内膳と豊臣家

作者の狩野内膳《かのうないぜん》（一五七〇〜一六一六）は、名を重郷《しげさと》、号を一翁という。もともと狩野家の血筋ではなく、戦国武将荒木村重《あらきむらしげ》の家臣池永重元《いけながしげもと》の子として生まれた。京都の狩野松栄《しょうえい》（一五一九〜九二）に入門し、天正十五年（一五八七）に狩野姓を名乗ることを許される。兄弟子には、松栄の息子、あの永徳《えいとく》（一五四三〜九〇）がいた。その後、画技が秀吉の目にとまり、豊臣家の絵画制作を手がけるようになったようである。

内膳の作品としては、ほかにも神戸市立博物館蔵・紙本金地著色『南蛮屏風』六曲一双が知られる。

内膳と豊臣家の間柄もまた、時代の急激な変化に翻弄された。

狩野派は、幕府の御用絵師もつとめ、常に時の最高権力者の庇護を受けることによって勢力を維持・拡大してきた近世芸術界の最大派閥である。

狩野永徳《えいとく》・山楽《さんらく》の頃は、信長・秀吉と結びつき勢力を誇っていたが、千利休と親しい絵師・長谷川《はせがわ》等伯《とうはく》（一五三九～一六一〇）の台頭もあり、仕事のシェア争いに陰りが見えていた。そして秀吉の死去に前後して、狩野派は永徳（天正十八年・一五九〇死去）をはじめとする嫡流を次々と失い、関ヶ原の合戦の頃にはまさに存亡の危機に立たされていた。

小林忠氏・狩野博幸氏によれば、狩野派はここで起死回生の「三面作戦」を取る。それは、徳川家に狩野宗家を、豊臣家に門人を、そして禁裏に分家を配するというものであった。政権交替にかかわらず、狩野家だけは生き残るという作戦なのである。ここで豊臣家に配された門人というのが、もともと狩野宗家の血族ではない山楽と内膳であった。

結果、大坂夏の陣ののち徳川の世となり、狩野宗家は命脈を保ったが、山楽と内膳は狩野家から切り捨てられた形になる。永徳の画技を唯一受け継ぐと評された山楽は、大坂城落城後、逃げ延びて家康の恩赦を得るも、もはや全盛期の勢いはなかった。狩野宗家から無援だったのは、その実力を妬まれうとましがられていたためともいわれる。

内膳が秀頼の発注を受けて、華やかな『豊国祭礼図屏風』を描いたのは、そんな背景のもとなのである。豊臣家と徳川家の闘いの裏で、芸術界においても壮絶な闘いが行われていた。山楽は恩赦を得たが、内膳は大坂夏の陣の翌年、元和二年（一六一六）に京都で死去する。四十七歳の若すぎる最期は、どのようなものだったのであろうか。

徳川黎明会本との比較

なお豊国祭礼図には、他にも徳川黎《とくがわれい》明会《めいかい》蔵・紙本金地著色『豊国祭礼図屏風』六曲一双（重要文化財）が知られる。

構図としては、豊国神社本と逆に東西の道筋が左下がり（逆勝手）で、遠景が省かれている。

主題は豊国神社本と同じく、秀吉七回忌の臨時祭であるが、豊国神社本が、公式記録として祭礼の次第を忠実に絵画化しようとしたのに対して、徳川黎明会本は、祭礼の参加者たちの陶酔した踊りや大きなうねり、現場の興奮を表現しようとしたところに大きな違いがある。描かれる人物のほとんどが前傾姿勢で、スピード感にあふれている。豊国神社本が、全体の中での細かな個々の動きに主眼があるとするならば、徳川黎明会本は、個々が集まった全体の動きに主眼があるといえよう。臨時祭礼を、より集団的な巨大イベントとして捉え、秀吉信仰によって煽動された町衆の無秩序的な「解放感」を示している。

作者は、動的な群衆描写に優れた岩《いわ》佐又兵衛《さまたべえ》勝以《かつもち》（一五七八～一六五〇）ともいわれている。又兵衛は、内膳が家臣となっていた荒木村重の息子であり、又兵衛が内膳に学んだという説もある。豊国社本よりは遅れるものの、主題の性格上、そう下がらない制作時期のものと考えられる。

太閤記の世界

―夢と希望と―

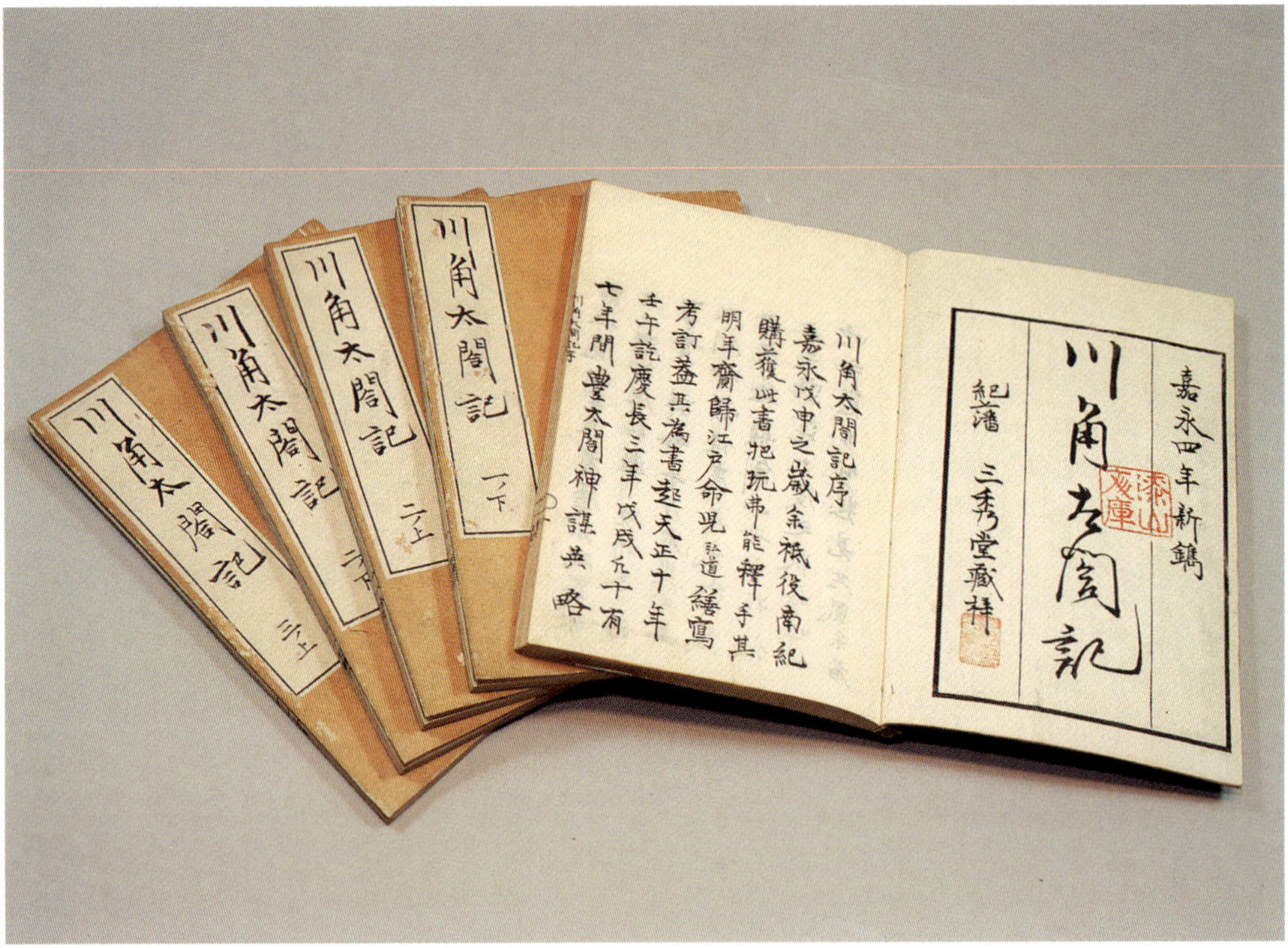

13　川角太閤記　名古屋市秀吉清正記念館蔵
すでに元和頃（1615～1624）に成立したと推測されるが、出版されたのは江戸時代後期であった。書名については甫庵の太閤記が出てから後の命名と思われる。

11　絵入太閤記　名古屋市秀吉清正記念館蔵
甫庵・太閤記本文に各巻２～５枚の挿絵を加えたもの。
秀吉の百回忌にあたる元禄11年（1698）に江戸の鱗形屋から出版。
初めての絵草子として大変な反響をよんだ。

12　絵本太閤記　市立長浜城歴史博物館蔵
全７編84巻のボリュームをほこる絵草子。

秀吉の二百回忌にあたる寛政９年（1797）から享和２年（1802）にかけて大坂の勝尾屋から出版された。

23　錦絵　清洲城普請の図　大阪城天守閣蔵
有名な「割普請」で城の修理をする人々が描かれている。
競争原理を導入した秀吉のユニークさが高く評価された。

25　錦絵　備中高松城水攻之図　上羽文雄氏蔵

中国地方攻略のため天正10年（1582）、秀吉は備中高松城を包囲し、水攻めにした。城は湖水に浮かぶように孤立した。包囲中に本能寺の変が起こり秀吉の中国大返しがある。

22　錦絵　大日本名将鑑　大阪城天守閣蔵
本能寺の変で弓を執る「織田右大臣平信長」を描く。

24　錦絵　内大臣平重盛幼君補佐之図　大阪城天守閣蔵
信長の死後、秀吉は大徳寺で大規模な葬儀を営み、自分の存在をアピールした。信長の三男・信孝を担ぐ勝家に対して、秀吉（図中では重盛に仮託）は、肩に担いだ孫の三法師を擁立し対抗した。

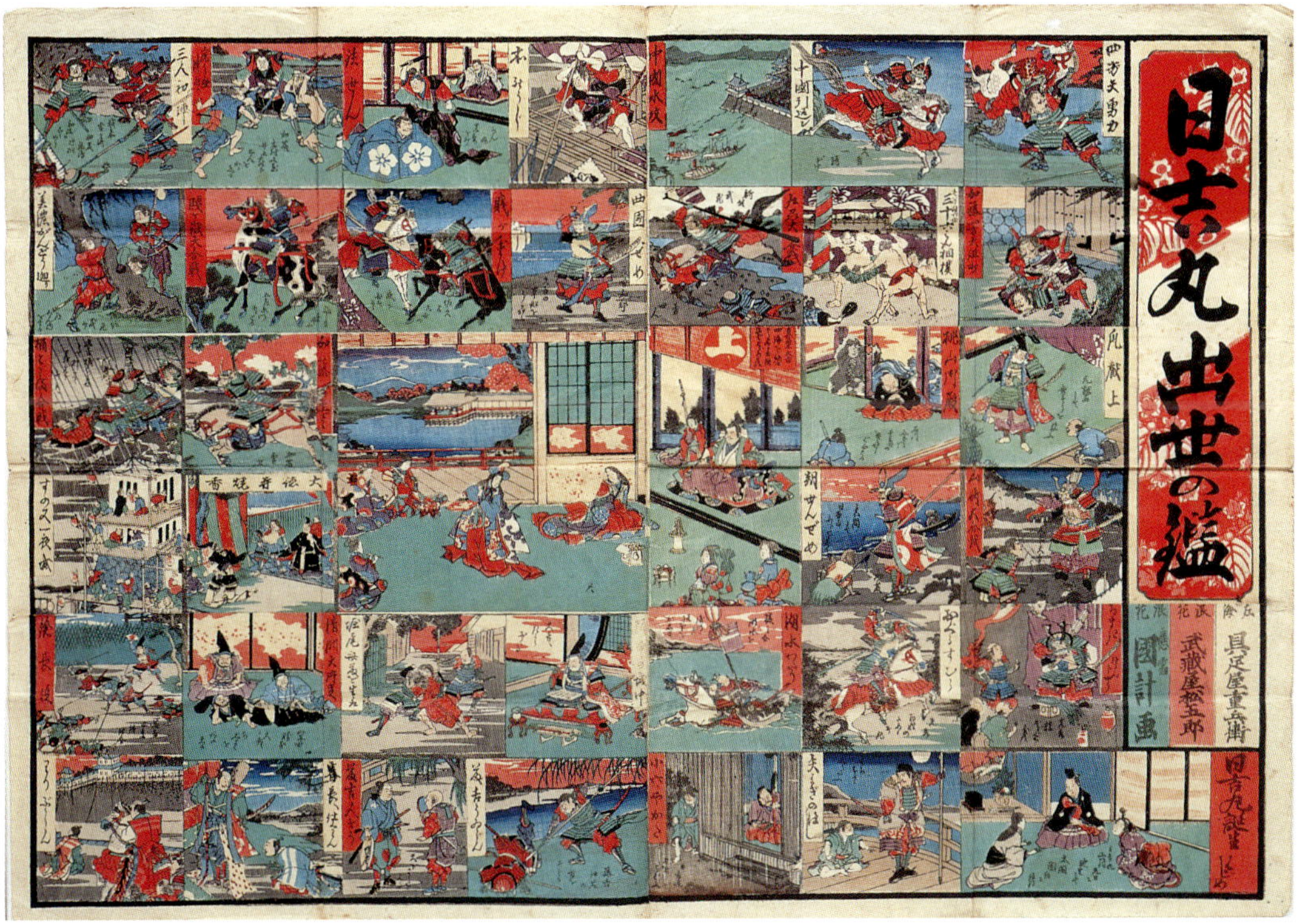

20　錦絵　日吉丸出世の鑑　名古屋市秀吉清正記念館蔵
秀吉の出世譚を後世、双六仕立てにしたものであるが、絵の天地は一定である。なお鑑（鏡）とは手本・模範のことである。江戸時代後期、絵本太閤記の流行とともに作られたもの。

秀吉一代記の数々

中島　誠一

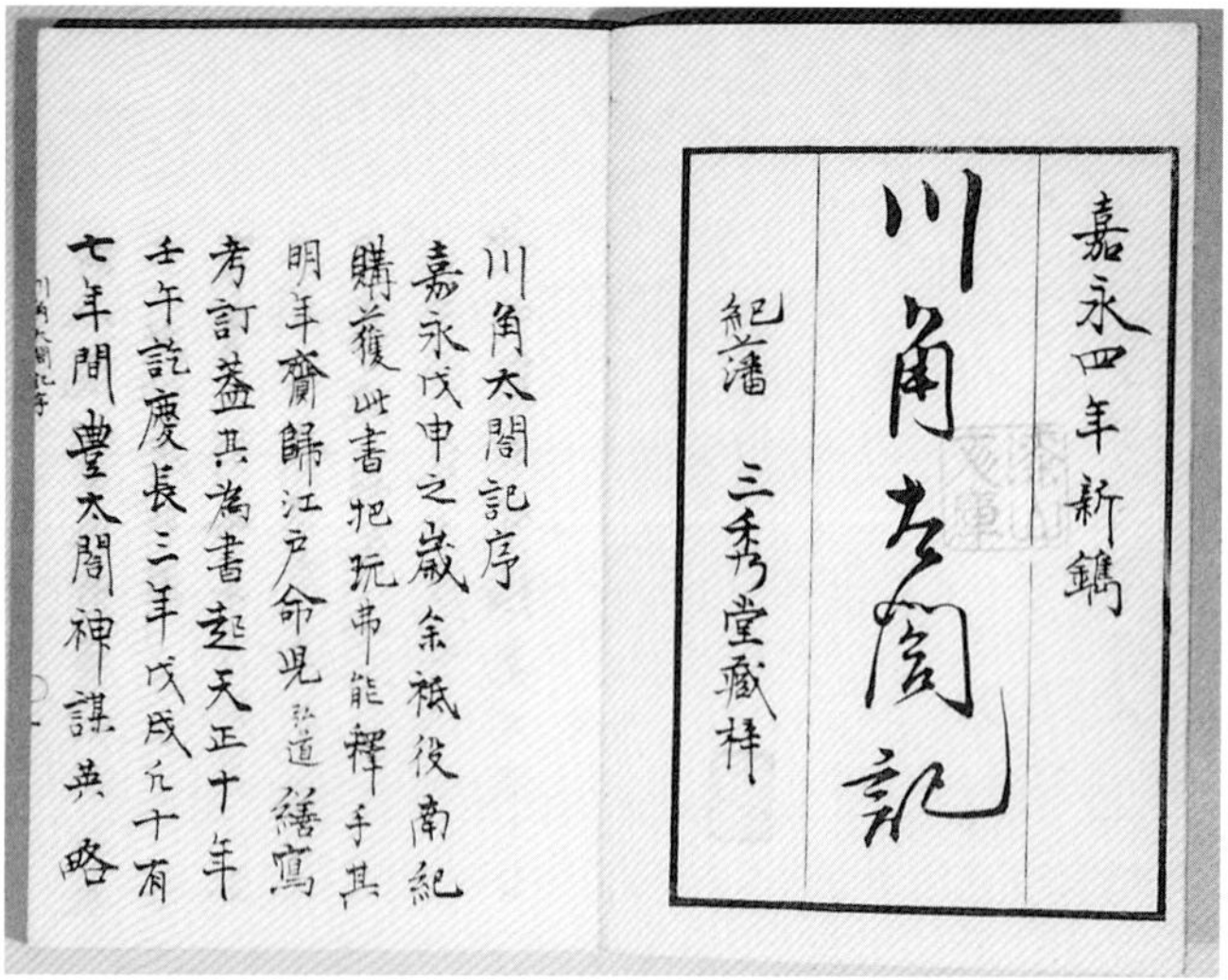

川角太閤記　名古屋市秀吉清正記念館蔵

太閤記、と聞いて私たちは何を連想するであろうか。新しいところでは、NHKの大河ドラマの数々、女太閤記、吉川英治の大作、新書太閤記いろんなものが思い浮かぶ。

ところがこの原点がすでに秀吉の時代にあったといわれたら、ちょっと面食らうかもしれない。

秀吉自ら書かせた伝記

秀吉は天正八年以降の自分の誇らしい軍歴や仕事ぶりを喧伝するためにお伽衆の一人であった儒学者の大村由己《おおむらゆうこ》に、活躍の節目節目の記録を残させていた。『播磨別所記《はりまべっしょき》』（天正八年）、『惟任謀反記《これとうむほんき》』（天正十年）、『柴田合戦記《しばたかっせんき》』（天正十一年）、『紀州御発向記』などは、秀吉自らの監修による伝記本である。各巻それぞれ独立したものであるが、天正年間（一五七三～一五九二）に『天正記』と言う名でこれらを一括総称したこともあって、この名で知られている。著者の大村由己は、梅庵《ばいあん》また藻虫斎《そうちゅうさい》とも号した物語僧で、相国寺の学僧仁恕集堯《にんじょしゅうぎょう》について禅と漢詩を学び、また諸家について歌道も嗜んだ学識者であった。その学識をもって秀吉のお伽衆に加えられたのである。彼は、いわば秀吉の広報担当官のような役割をつとめていたわけである。

合計十二巻におよぶこの『天正記』は和様漢文体で文飾多く、華麗な文章で綴られていて、定型的な描写なども見られるが、臨場感、切迫感にも富んでいて、物読み法師だった木村由己が自らこれを読みあげた時には『太平記』にも匹敵すると賞賛されたという。

太閤記の登場

そして秀吉が没したあとの慶長年

間、今度は信長の伝記『信長公記《しんちょうこうき》』を書いた太田牛一《おおたぎゅういち》が『大こうさまくんきのうち』（一巻）や『関原御合戦双子』（一巻）を書き、慶長九年（一六〇四）に行われた豊国社臨時祭の記録『豊国大明神祭礼記』（一巻）などを書き残している。『大こうさまくんきのうち』（一巻）は、関白秀次成敗の件など文禄年間（一五九二〜一五九六）および以降の秀吉の伝記を中心に書いている。

著者の太田牛一は、織田信長に仕えてしばしば戦功をあげた。信長の死後、秀吉に仕え、天正一七年（一五八九）、伏見の検地には検地奉行をつとめ、のち和泉守に任ぜられたが、年老いてからは秀吉の側室松の丸殿付きとなった。

元和七年（一六二一）から元和九年（一六二三）のあいだに書かれたのが『川角《かわすみ》太閤記』（全五巻）である。内容は、前述、『信長公記』を書き継ぐ形で天正十年（一五八二）の本能寺の乱から書き起こし自ら見聞した秀吉の事跡や、逸話などを丹念に記録してある。史実をありのままに伝えようとして個条書き風になっており、作為や誇張がなく、史料として活用できるものである。作者は、田中吉政の旧臣川角三郎右衛門といわれる。

このように秀吉の存命中すでにその伝記作成は着手され、死後も書き継がれていった。しかし秀吉の一生を記したものはいまだ生まれておらず、寛永三年（一六二六）脱稿、開版の『甫《ほ》庵《あん》・太閤記』を待たねばならない。『甫庵・太閤記』は、全二十二巻。この書が、いわばのちに続々と出てくる秀吉の一生を記した太閤記ものの先鞭といえる。内容は、「秀吉公の事も善を善とし、悪を悪としてこれを記す」という態度で秀吉の一代を記述し、こ

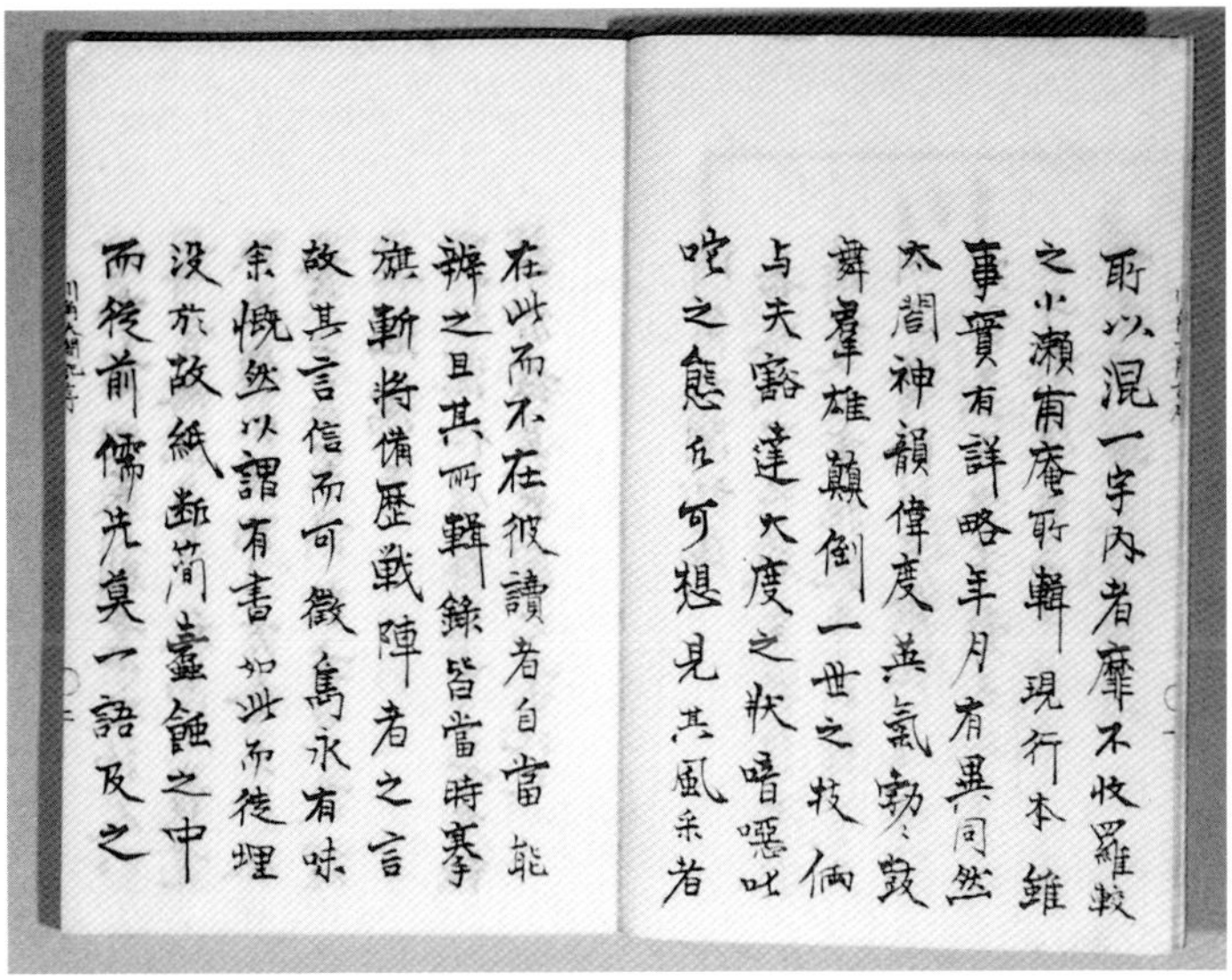
所以混一字内者靡不收羅較
之小瀬甫庵所輯現行本雖
事實有詳略年月有異同然
太閤神韻偉度英氣勃々數
舞羣雄顛倒一世之枝倆
与夫豁達大度之狀暗嗚叱
咤之態丘可想見其風采者
在此而不在彼讀者自當能
辨之且其所輯錄皆當時搴
旗斬將備歷戰陣者之言
故其言信而可徵焉永有味
余慨然以謂有書如此而徒埋
沒於故紙斷簡蠹蝕之中
而從前儒先莫一語及之

川角太閤記　名古屋市秀吉清正記念館蔵
『甫庵・太閤記』について「小瀬甫庵所輯現行本、事実たると雖も詳略あり、年月に異同あり」と記し、小瀬甫庵を強く意識していることがわかる一文。

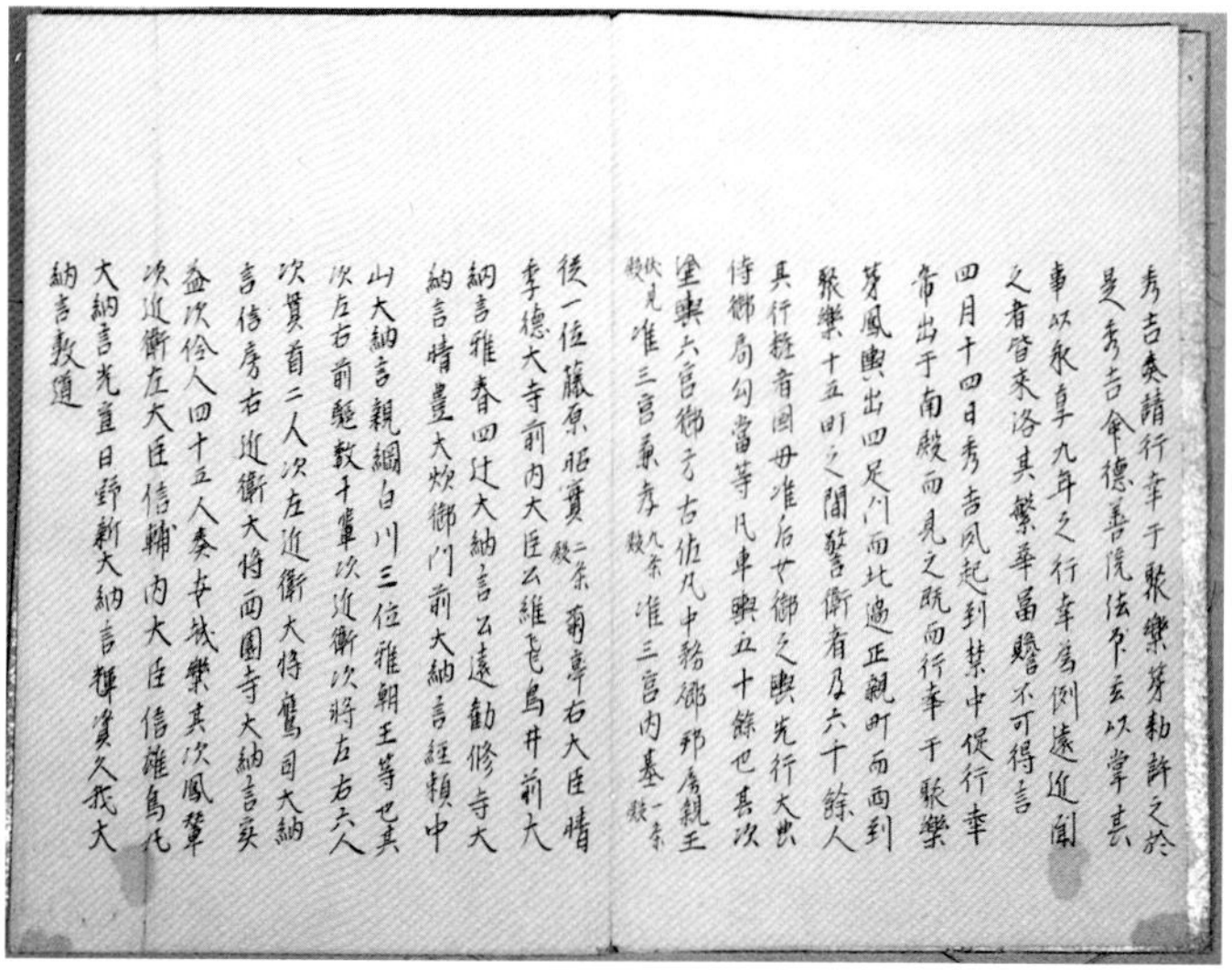

秀吉奏請行幸于聚楽第勅許之於
是秀吉命徳善院法印玄以掌其
事以永享九年之行幸為例遠近聞
之者皆来洛其繁華富贍不可得言
四月十四日秀吉夙起到禁中促行幸
帝出于南殿而見之既而行幸于聚楽
第鳳輿出四足門而北過正親町而西到
聚楽十五町之間警衛者乃六千餘人
其行粧音国母准后女御之輿先行大典
侍御局勾当等凡車輿五十餘也其次
塗輿六宮御方古佐凡中務卿邦房親王
伏見殿 准三宮秉彦 九条殿 准三宮内基 一条殿
後一位藤原昭實 二条殿 菊亭右大臣晴
季徳大寺前内大臣公維飛鳥井前大
納言雅春四辻大納言公遠勧修寺大
納言晴豊大炊御門前大納言経頼中
山大納言親綱白川三位雅朝王等也其
次左右前駆数十輩次近衛次将左右六人
次貫首二人次左近衛大将鷹司大納
言信房右近衛大将西園寺大納言実
益次伶人四十五人奏安城楽其次鳳輦
次近衛左大臣信輔内大臣信雄烏帽
大納言光宣日野新大納言輝資久我大
納言敦通

10　豊臣秀吉譜　名古屋市秀吉清正記念館蔵
『甫庵・太閤記』と同様に秀吉の誕生を天文5年（1536）とし、日輪受胎説を採用した。

れを論評している。本書の書かれた目的が、歴史的事実をそのまま記すというより、著者の儒教的思想によるところから、新しい時代での人の生き方を教える近代的軍記のさきがけ的作品として、江戸時代を通じて知識階級に広く普及した。そして年を経るごとに版を重ねたベストセラーである。

著者の小瀬《おぜ》甫庵《ほあん》は、儒医として豊臣《とよとみ》秀次《ひでつぐ》、堀尾《ほりお》吉春《よしはる》に仕えた後、晩年金沢に赴き加賀藩主に仕えていた人物で、史料・文献を丹念に漁って平易に秀吉の一代記をまとめている。ただし必ずしも史実に忠実でないことは、次の点からも明らかである。

『天正記』の中の『柴田合戦記』には、賤ケ岳の勲功者として九人が挙げられているのに本書では、語呂合わせのように七人にしている。『関白任官記』に秀吉の誕生が天文六年（一五三七）二月六日と書かれているのに、甫庵は、天文五年正月元日誕生説を作り出していた。

また豊臣家が家康の無理難題によって滅亡に追いつめられた過程も、描く事はできなかった。日本人の判官《はんがん》贔屓《びいき》を刺激し、神君家康の評判を貶《おとし》める事

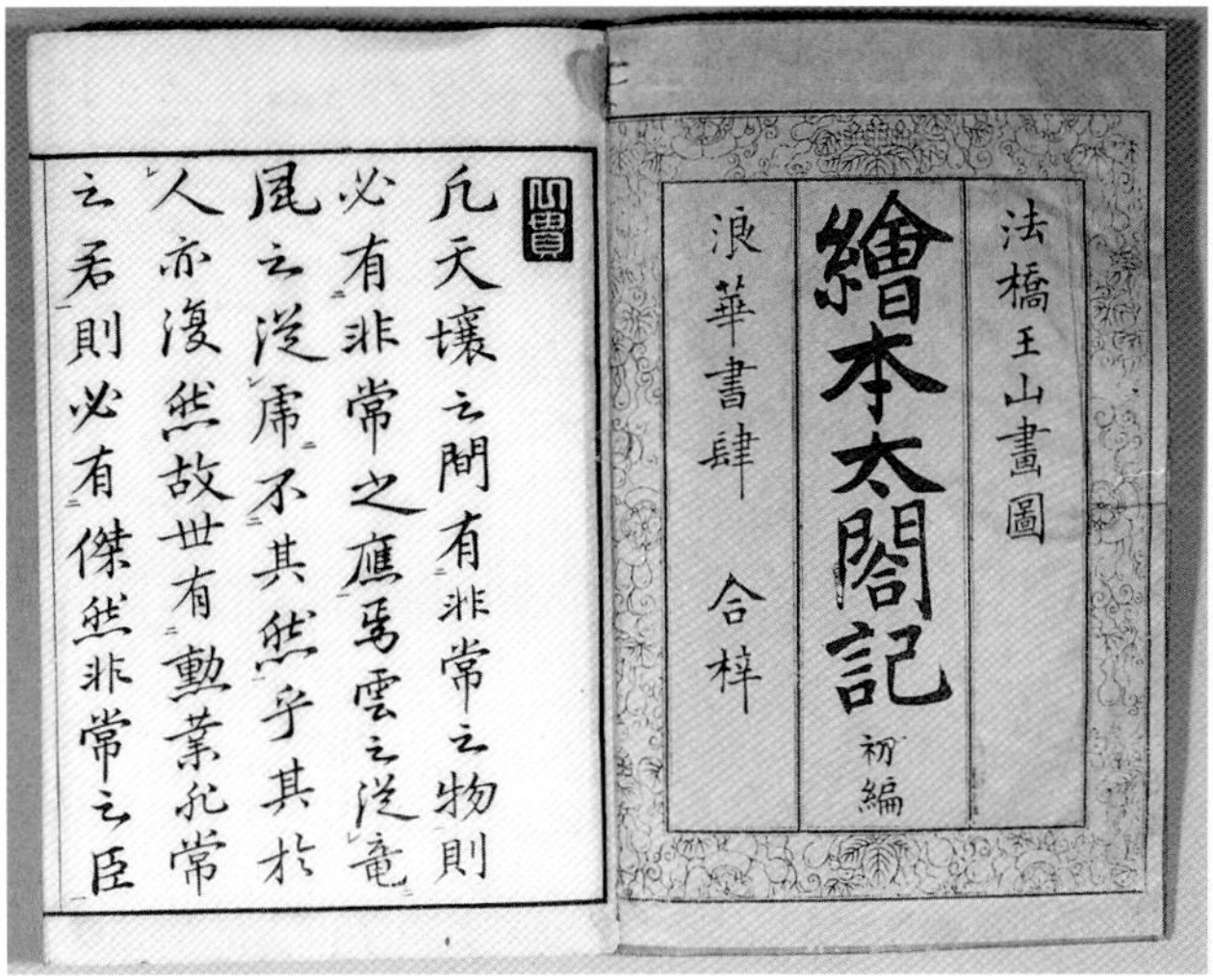

絵本太閤記　市立長浜城歴史博物館蔵
本書の特徴は、文字通り絵本であることである。絵入太閤記に比べると数倍の挿絵である。人々は岡田玉山の実況中継とも思われる絵に魅入られた。

になるからである。この『甫庵・太閤記』の人気に刺激されて、竹中重門の『豊鑑《とよかがみ》』（全四巻・寛永八年刊）をはじめ、林羅山の『豊臣秀吉譜』（全三巻・寛永十九年刊）、土屋知貞の『豊臣太閤素生記』（全一巻・延宝年間刊）、大原武清の『新撰豊臣実録』（全四〇巻・寛文五年刊）などが雨後の筍のようにつぎつぎと出版された。

いずれも非業の最後を遂げた豊臣家の始祖秀吉を再照射しているが、読者の注目を集めようとして新説・奇説が入り乱れた。

『豊鑑』は、秀吉を高貴な人の落胤としているし、『豊臣秀吉譜』は『甫庵・太閤記』と同様に天文五年の日輪受胎説をとっている。『豊臣太閤素生記』は、ただ「天文五年正月大朔日、日の出とひとしく誕生」とだけ伝えている。これらが後に続く【太閤記】に大きな影響を与えたのは明白である。

秀吉百回忌に絵入太閤記が出版すぐに発禁処分

秀吉の百回忌にあたる元禄十一年（一六九八）の正月、突如、江戸の版元鱗形屋から『絵入太閤記』（全七巻）が出版された。これは初めての挿絵入り絵草子として大変な反響を引き起こした。作者は判らないが、奥書に『板行軍書抜書』とある通り、すでに出された『天正記』などから、読者が興味をそそる部分を抜き出し、絵入で紹介したのである。今まで出された史実、事跡を中心とした太閤記とは異なるタイプのものが登場したわけである。

ところが半年後、幕府はこの本を発禁処分にした。理由は第七巻に収録されていた〈関白秀次悪逆之図〉が妊婦の腹を切り裂くなど、あまりにも残虐すぎるというのがその理由であった。太閤記物発禁第一号である。

今度は秀吉の二百回忌にパワーアップして『絵本太閤記』が登場

この庶民受けした『絵入太閤記』は、百年後すなわち秀吉の二百回忌である寛政九年（一七九七）から享和二年（一八〇二）にかけて、凄じくパワーアップした『絵本太閤記』として太閤の町、大坂から出版されることになる。なんと全七編八十四巻というとてつもないボリュームで登場した。作者は竹内確斎、挿絵は岡田玉山《おかだぎょくざん》、版元は大

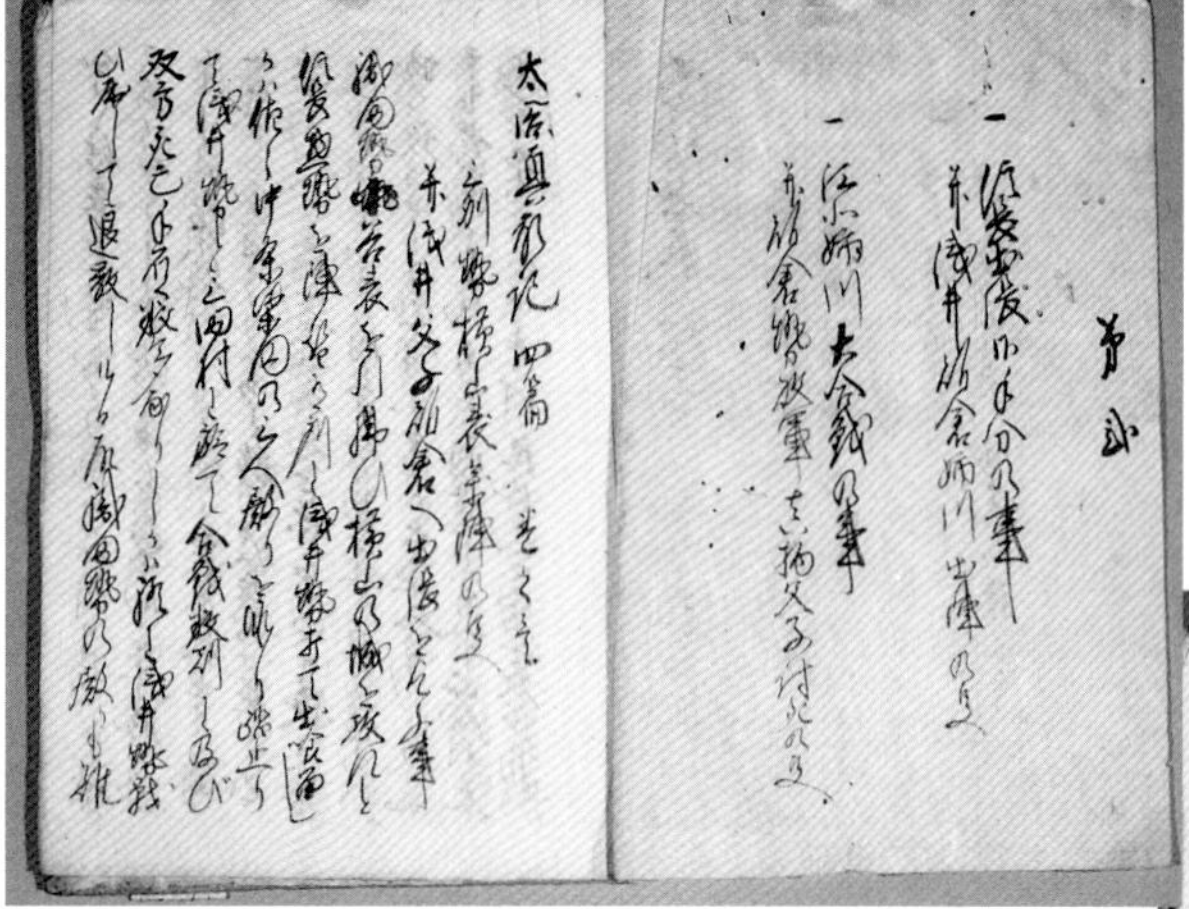

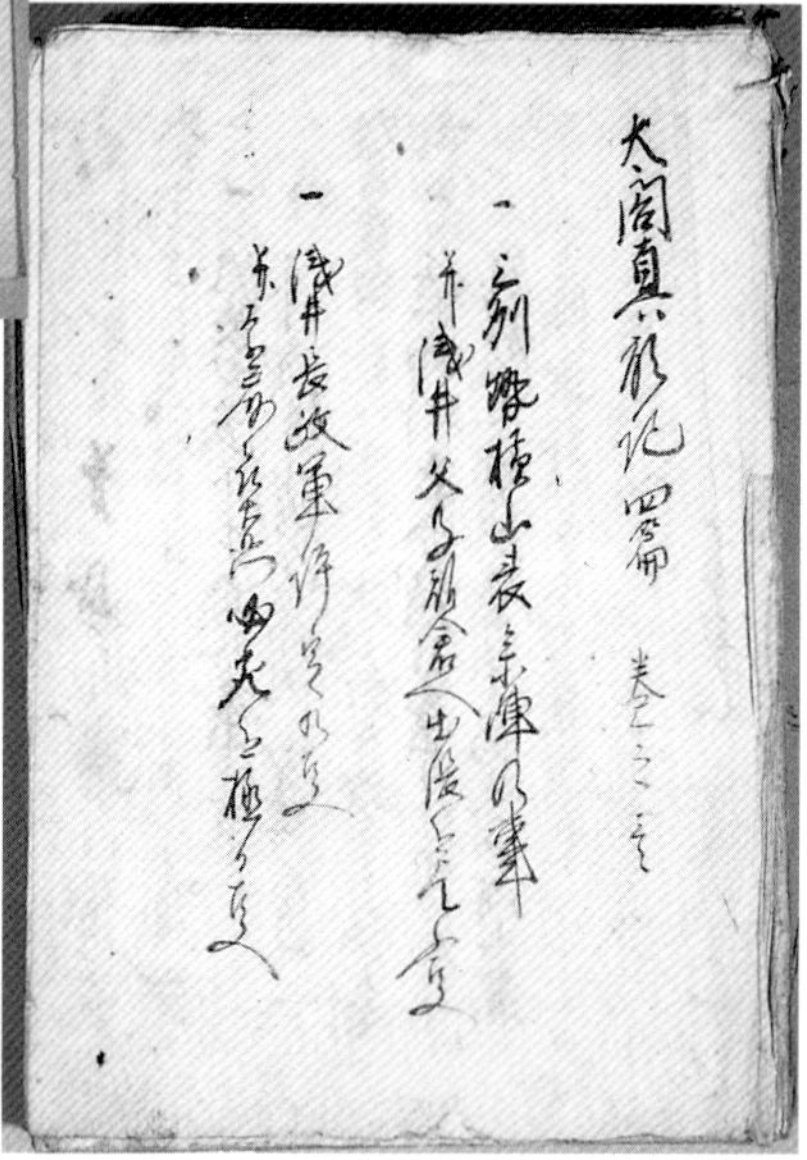

15　太閤真顕記　名古屋市秀吉清正記念館蔵
安永年間（1772～1781）に大坂の講談師が口演したという講談本（全12巻）。

坂の勝尾屋である。文章は極めて簡潔、それに何と言っても画がふんだんに掲載されている。ここでは史実は、ほとんど無視されたといってもよい。特に記録らしい記録がほとんどない秀吉の三〇歳までの部分には、いろんな寓話が付随することとなった。

例えば、秀吉の出生についてこの『絵本太閤記』は、秀吉の生母なかを持萩中納言保廉卿の落胤とし、日輪が懐中に入るのをみて懐妊、天文五年、正月元日寅の刻に秀吉を生んだと記している。また北政所と淀殿が黒百合の花を巡って争いを起こしたなどの話もこの時織り混ぜられた。

庶民の神秀吉

この現象は、秀吉の存命中の伝記、また豊臣家滅亡直後の記録、すなわち『天正記』や『甫庵・太閤記』が表された際の秀吉の取り上げ方とは全く異なるものである。江戸時代後期の庶民たちは、史実を知りたいというよりは、士農工商の封建的閉塞状況から自分たちを解き放ってくれるスーパーヒーロー登場の期待へと明らかに変化していたのである。一介の農民の子から身を

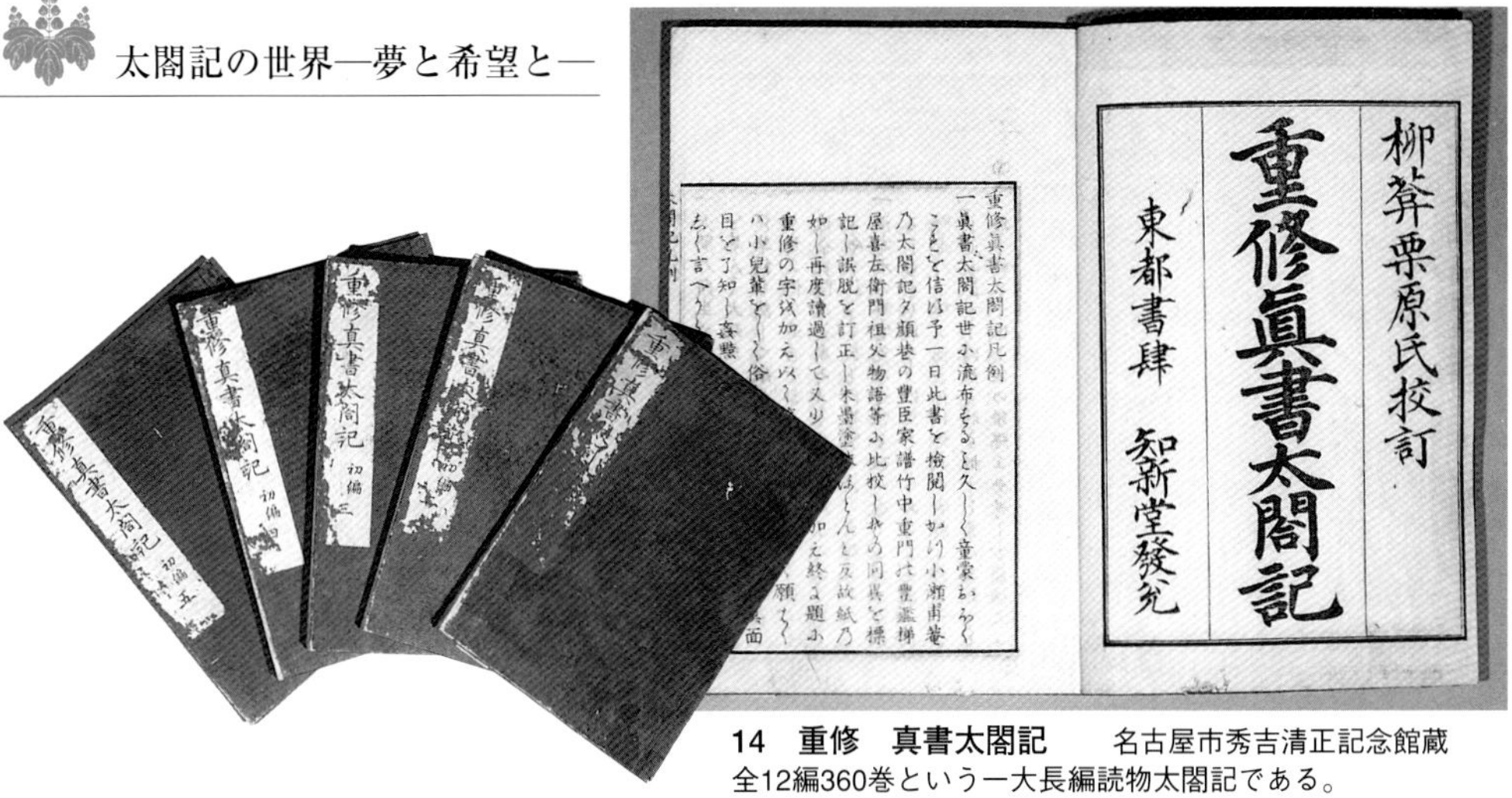

14　重修　真書太閤記　　名古屋市秀吉清正記念館蔵
全12編360巻という一大長編読物太閤記である。

起こして立身出世、戦国乱世の時代を駆け抜け、天下人となる秀吉出世譚は、まさに庶民の夢であった。『絵本太閤記』に描かれた秀吉は、まさに庶民を現実から救い出し、夢と希望を与えた神であった。

刊行を始めたとたん大好評、これまで太閤記物のトップであった『甫庵・太閤記』を抜き去りベストセラーとなった。そしてその間に、この本の影響を受けて一枚摺りの錦絵や浄瑠璃本、講談本がつぎつぎに出版された。錦絵では喜多川歌麿の『太閤五妻洛東遊観《ごさいらくとうゆうかん》図《ず》』が、浄瑠璃本では寛政十一年（一七九九）『絵本太功記』が出版された。浄瑠璃『絵本太功記』は後世、歌舞伎で盛んに上演されるようになり、秀吉、信長、明智光秀らの芝居をまとめて太閤記物とよぶようになる。『絵本太功記』は現在でも人気の時代物である。また講談本では『太閤真顕記《しんけんき》』（安永年間）などが脚光をあびることとなる。これに対して幕府は、享保七年（一七二二）四月、好評を続ける錦絵や太閤記に対し厳しい出版取締令をだした。すなわち天正以来の武将のことについて記載することを禁じたのである。この沙汰によって挿絵を担当した岡田玉山は手鎖五十日の刑を、版元勝尾屋は銭十貫文の過料を申し渡された。この摘発によって太閤記物は、一斉に姿を消した。

しかし庶民はこの秀吉の波瀾万丈の生き方を書いた『絵本太閤記』や、その姿を描いた錦絵に共鳴したのである。ここでは、新しい秀吉像、すなわち庶民の望む秀吉像が構築されたといっても過言ではない。確かに『絵本太閤記』は史料という点では、問題にならない。ところが視点を変えて当時の庶民の立場になってみると、『絵本太閤記』の中には、神格化された家康とは違う人間味豊かな秀吉がいたのである。これは『絵本太閤記』の作者が意図して作りあげた神ではない、人々自らが懇願して作りあげた庶民の神秀吉の姿がそこにはあった。

幕末の太閤記

この激しい太閤記物摘発の嵐ののち、秀吉二百五十回忌にあたる嘉永元年（一八四八）、北政所おねの菩提所高台寺では北政所の遺品とともに秀吉の念持仏を開帳、大掛かりな居開帳を

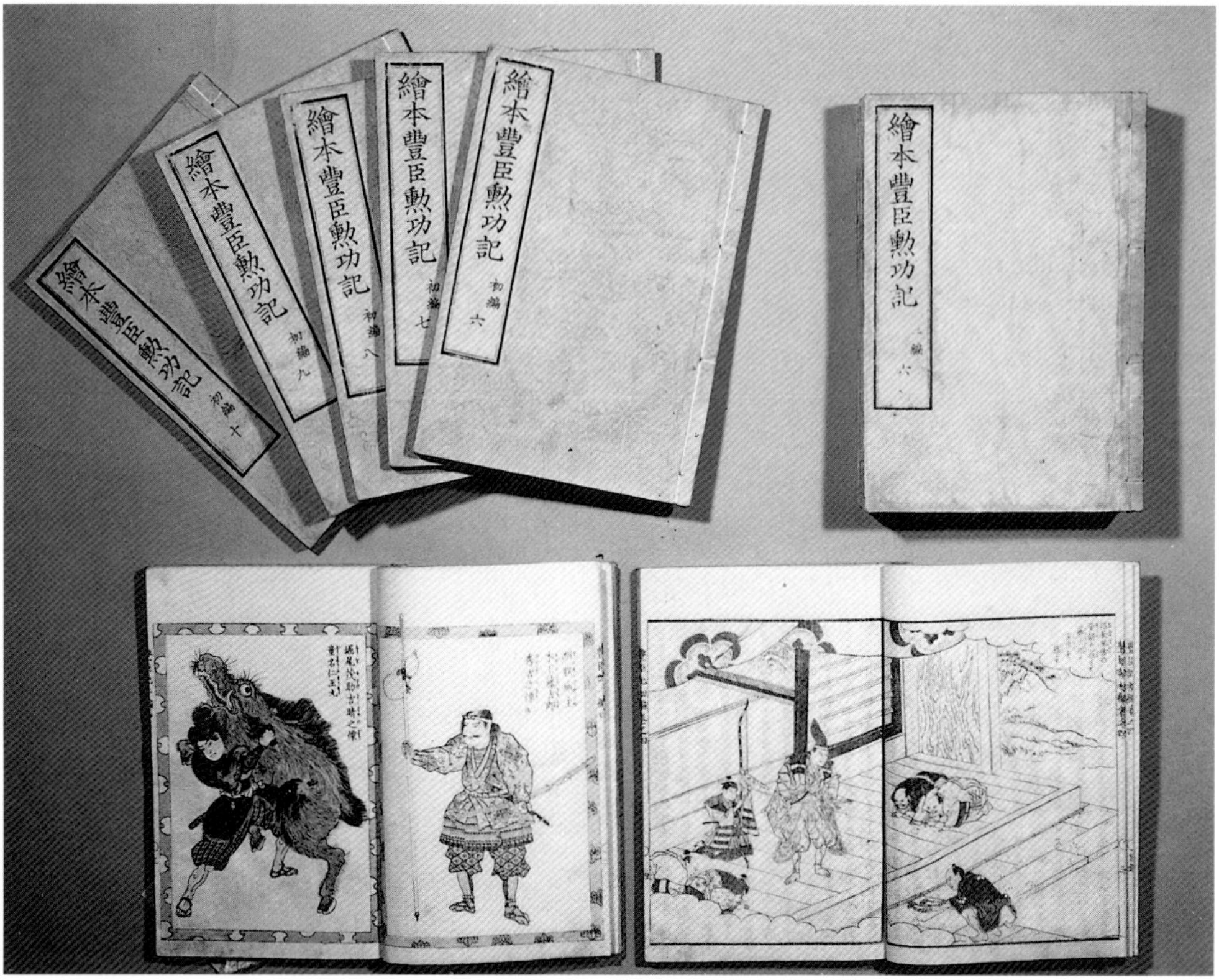

16　絵本豊臣勲功記　名古屋市秀吉清正記念館蔵
『真書太閤記』の影響を受けて安政4年（1857）江戸の甘泉堂から刊行。絵師が一勇斎国芳とあって評判をよんだ。

おこなっている。そして四年後の嘉永五年（一八五二）江戸の知新堂から栗原柳庵が編集した全十二編三百六十巻という膨大な『真書《しんしょ》太閤記』が登場。すでに幕末動乱の嵐が吹き荒れていた時期を見越したように、主人公は堂々と実名秀吉を名乗って登場していた。全巻完結したのは、十六年後の明治元年であった。

この五年後、『真書太閤記』の影響を受け『絵本豊臣勲功記』が江戸の甘泉堂和泉屋市兵衛から刊行された。全十二編百二十巻というこれもまた一大長編太閤記であった。

このように秀吉の伝記ともいうべき太閤記の数々がとぎれることなく再生産されていったこと、時代とともにその内容が変わってきたことが判る。

絵本太閤記の世界

中島　誠一

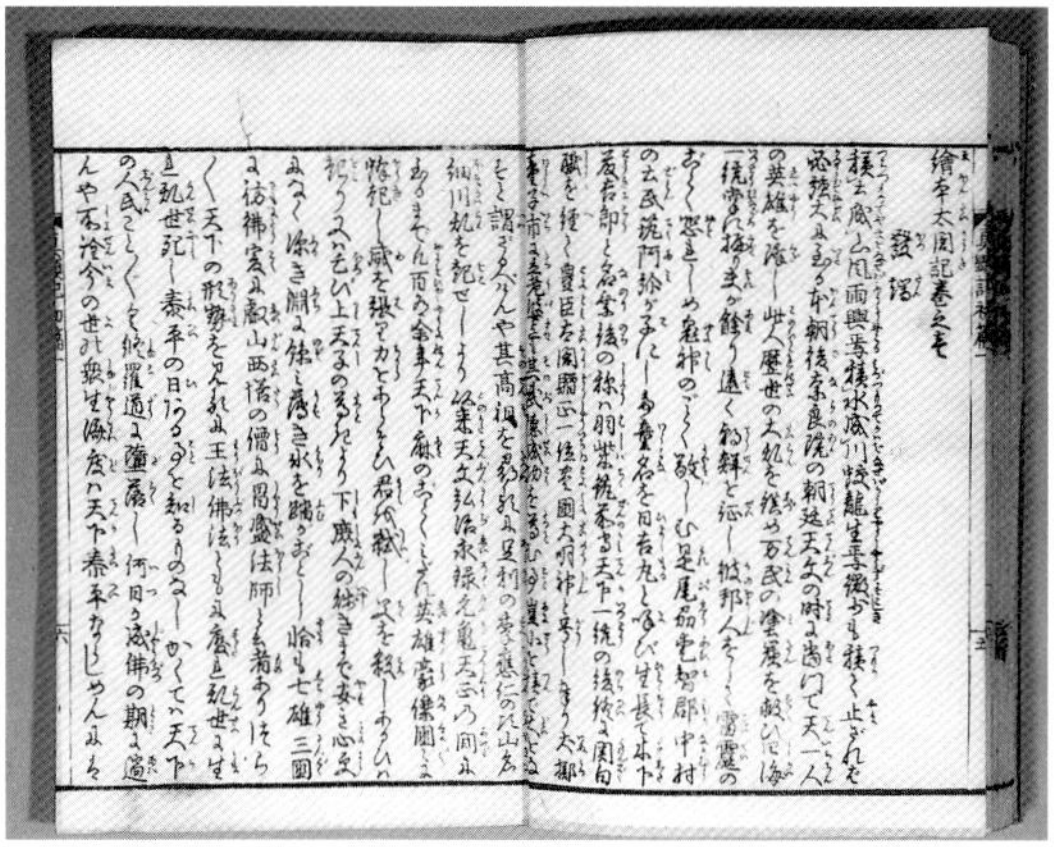

12　絵本太閤記
市立長浜城歴史博物館蔵

日輪の子——天下取りの命運

　秀吉の出生については、現在のところ、よく判らない。というより秀吉の青年以前は謎に満ちているというのが正しい。秀吉が最初に出した文書は、永禄八年（一五六五）八月の木下藤吉郎秀吉の署名（坪内文書）である。いわば秀吉の歴史時代はここから始まるといっても過言ではない。

　ここでは秀吉のルーツ、出生の日、出生地など諸説確認しながら、庶民が渇望した天下人の姿を明らかにしていきたい。

　最初に秀吉のルーツについて考えてみたい。秀吉の先祖は、百姓・天皇もしくは公卿の落胤など諸説入り乱れている。そのほか『豊鑑《とよかがみ》』『日本耶蘇会《にほんやそかい》年報《ねんぽう》』には、あやしの民（卑しい血統）と記されるほか。母方は美濃刀鍛冶関兼貞の末流であるとか、秀吉は平将門の後裔とか父方の系譜は江州浅井郡出身の山門法師であると実に多彩である。

　その両親についても諸説ある。『関白任官記』には、父は皇胤、母は萩中納言の娘と記され、生誕地は尾州としている。『東国太平記』には父は木下弥右衛門、鉄砲のもの、母は御器所村の娘で持萩中納言の娘という。『甫庵・太閤記』に父は筑阿弥、母の名はないが、日輪が母の懐中に入り懐妊したという。以来父は、この三者が主流となるが、江戸時代も後期になると父は、正親天皇で母は、官女と具体的に表記されるようになる（『環環筆話』天保十三年（一八四二））。また『絵本太閤記』にいたると、その部分が近江の日吉山王権現に祈願して、日輪懐妊するというより具体的な話になっていくのである。

発端
初編壱巻に記された秀吉のルーツ。天下人の出現を祈願し参籠する僧の前に女神が現れる。絵本太閤記には、日輪受胎伝説と日吉山王権現との結合がみられる。

出生の日については、前述、天正記の『関白任官記』には、天文六年（一五三七）二月六日とある。寛永元年（一六二四）に記された『東国太平記』には、天文五年一月一日と初めて記され、以後、『甫庵・太閤記』の流布とともにこの日が秀吉の出生の日となる。その出生地に関しても、尾張国愛智郡中村、尾張国愛智郡中中村、近江国浅井郡草野郷、近江国大津日吉大社などがあげられる。現在の見解では、尾張国愛智郡中中村をその出生地に比定するのが一般的である。

このように紛々として定まらないのが実情であるが、では秀吉自身は出自などについてどう思っていたのだろう。秀吉自らが命令を出し、しかも秀吉のお伽衆がしるした『関白任官記』には、父は皇胤、母は萩中納言の娘と記されている。すなわち秀吉は、自分のルーツは天皇家の系譜を引くものとしているのである。ところがこの『関白任官記』の史料としての評価は極めて低い。通常、『甫庵・太閤記』に少し遅れて出されたとされる『太閤素姓記』が秀吉の出自を扱う場合には、取り上げられるのが常である。これによれば、父は木下弥右衛門といい中々村の人、信長に仕える鉄砲足軽で戦で傷を負い、百姓となった。秀吉と姉とも（瑞龍院）の二人の子がおり、秀吉八歳のとき死去したという。『太閤素姓記』は、秀吉のお伽衆であった父や、母からの伝承がベースになっておりその信憑性は高いとされる。ところが庶民の側からしてみると、秀吉が出世するにつれてこだわり始めた出自などは、どうでもよかったのである。むしろ秀吉は、貧しい名もない階級から生まれた方が、自分たちの置かれている堅固な封建性身分制度の枠を打ち破る英雄たり得た。しかしそのためには神の加護を受けた者、すなわち人知をこえた選民であることも必要であった。『絵本太閤記』が選択したのは、『太閤素姓記』と『甫庵・太閤記』の日輪受胎説そして童名、「日吉丸」に加え日吉山王信仰であった。

放浪と出会い

『甫庵・太閤記』にはわずかしか記されない秀吉の素生が、後世ドラマチックに組み上げられること。秀吉の幼年期そして青年にいたるまでの道筋は、放浪・苦難とそれをのりこえる機知、

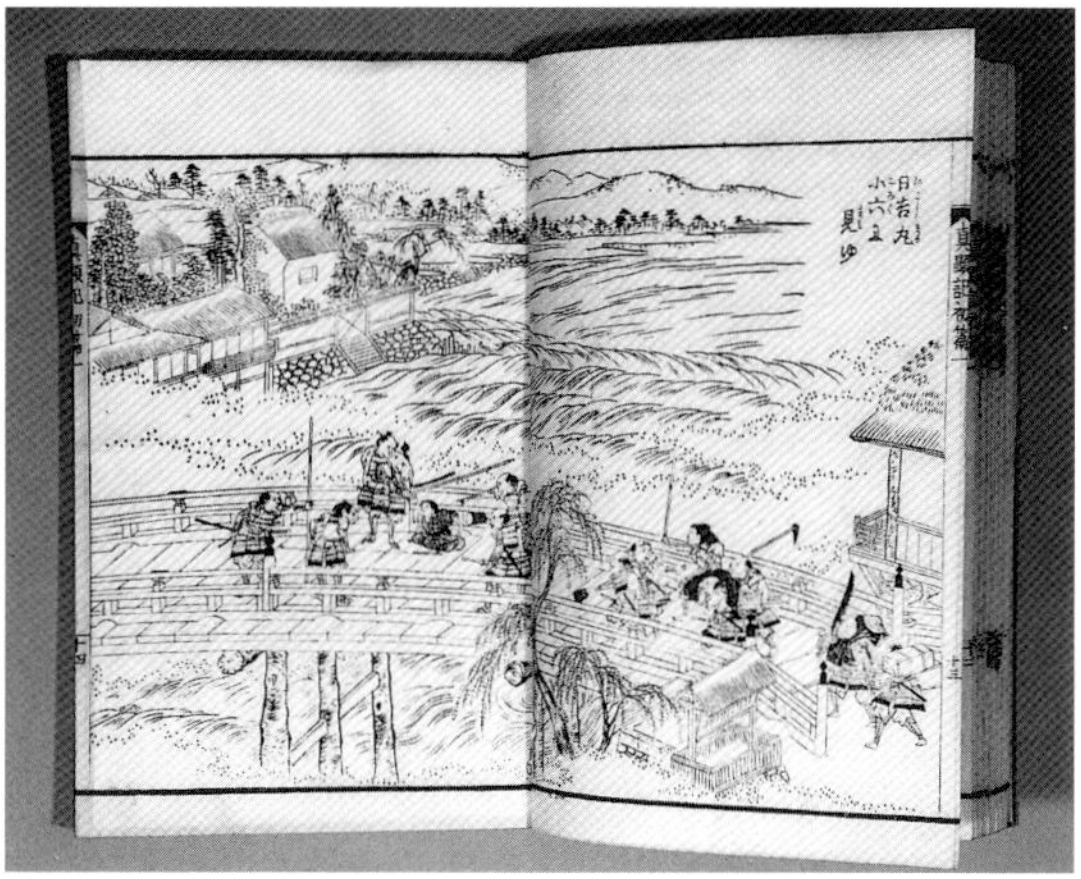

日吉丸小六と見ゆ

故郷を出て放浪中、秀吉は、三河城下矢作橋でうたた寝をしていたところ、野伏の蜂須賀小六に頭を踏みつけられた。ドラマチックな二人の出会いであるが、当時矢作川に橋は懸かっていなかったという。

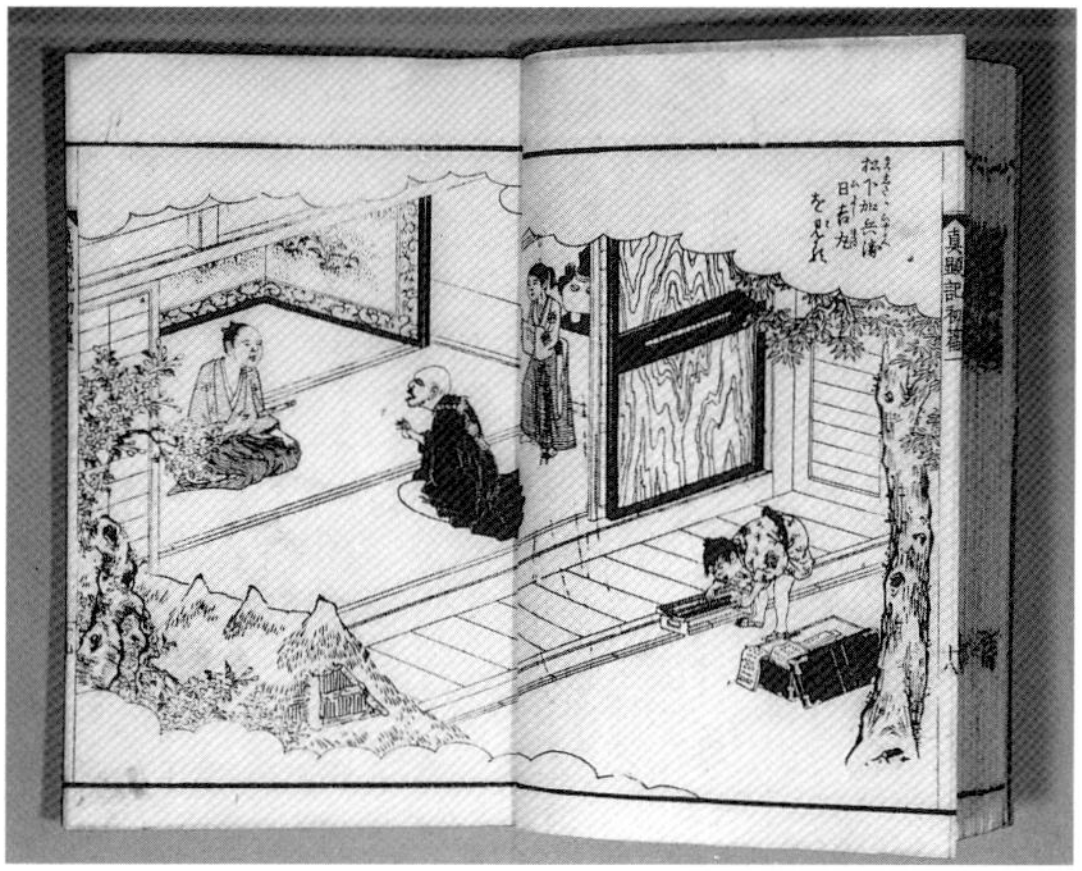

松下加兵衛日吉丸を見る

秀吉は、亡父弥右衛門の残した永楽銭一貫文を資金に木綿針を買い、行商をする。遠江の国浜松で久能の城主・松下加兵衛に合い、草履とりになり忠勤にはげむ。

藤吉郎信長卿に仕かふ

秀吉が信長の草履を自分の懐であたためたエピソードである。

割普請の法　破損をおさむ
秀吉は、無類の普請好きであるだけでなく、実際的な知識を持っていた。この絵はその才能を示している。すなわち早くやれとしかるだけではなく、各セクションを競争させ、ほうびを与えることで人々の持つ力を最大限に発揮させたのである。

そして数々の人との出会いなどが豊富に織り込まれながら展開していく。

「お侍になる」夢をいだいて故郷を飛び出した秀吉は、父の形見をもらい遠江に赴く。種々の職業を転々としながら、久能城主松下加兵衛尉の草履とりとなる。その後、加兵衛尉のもとを去り運命の出会いというべき織田信長と出会い、ふたたび信長の草履とりとなる。そして二十七歳のころ愛妻おねと結婚するのである。

秀吉の歩みが、歴史時代に入るのは、翌々年、永禄八年（一五六五）十一月二十九歳のことであった。すなわち永禄七年（一五六四）八月、尾張、美濃国境の斉藤方の武将坪内利定（美濃松倉城主―現岐阜県羽島郡川島町）を誘降し、これを案内役として、斉藤方の諸将を説得したのである。このとき木下藤吉郎秀吉という署名が、初めてなされた。この当時秀吉は、足軽→足軽組頭→足軽大将とめきめきその頭角をあらわした時期であった。『絵本太閤記』は、『甫庵・太閤記』と重なる部分もあるが、特に蜂須賀小六と矢作川の橋の上での出会い、松下家を出奔し尾張に戻ること、信長の草履を暖める

鳥取の城中　餓莩の図
籠城する兵士や家族たちは、人肉を食べるなど餓鬼道の苦しみを味わっていた。解放ののち、秀吉は敵に粥を与え、その際一気に食べて死なないよう配慮したという。

こと、清洲城の割普請、台所奉行、薪奉行など絵を交えて活き活きと描写している。

そこに流れるのは、人の出会い、特に恩を受けた人には必ず報恩すべきである、そして蔭日向なく働く事の重要性、それが信用に結びつくという儒教的倫理観を明確に示している。これは、秀吉から恩を受け、誓紙を交わしながらものちに種々の言いがかりをつけて、豊臣家を滅亡に追い込み、江戸幕府の基礎をきずいた家康にたいする批判ともとれる。日本人の判官びいきを熟知した作者でもある。

驀進《まいしん》出世街道

秀吉の伝記に関する『絵本太閤記』による潤色は、歴史時代に入っても、停まる事をしらなかった。特に出世街道をひた走る秀吉の機知に富んだ判断、決断の早さ、前例にとらわれない考え方を盛り込んだ内容は、庶民に深い感銘を与えた。

有名な墨俣一夜城、稲葉山攻略の一番手柄、そして長短槍試合などである。

墨俣一夜城についていえば『甫庵・太閤記』には、永禄九年（一五六六）

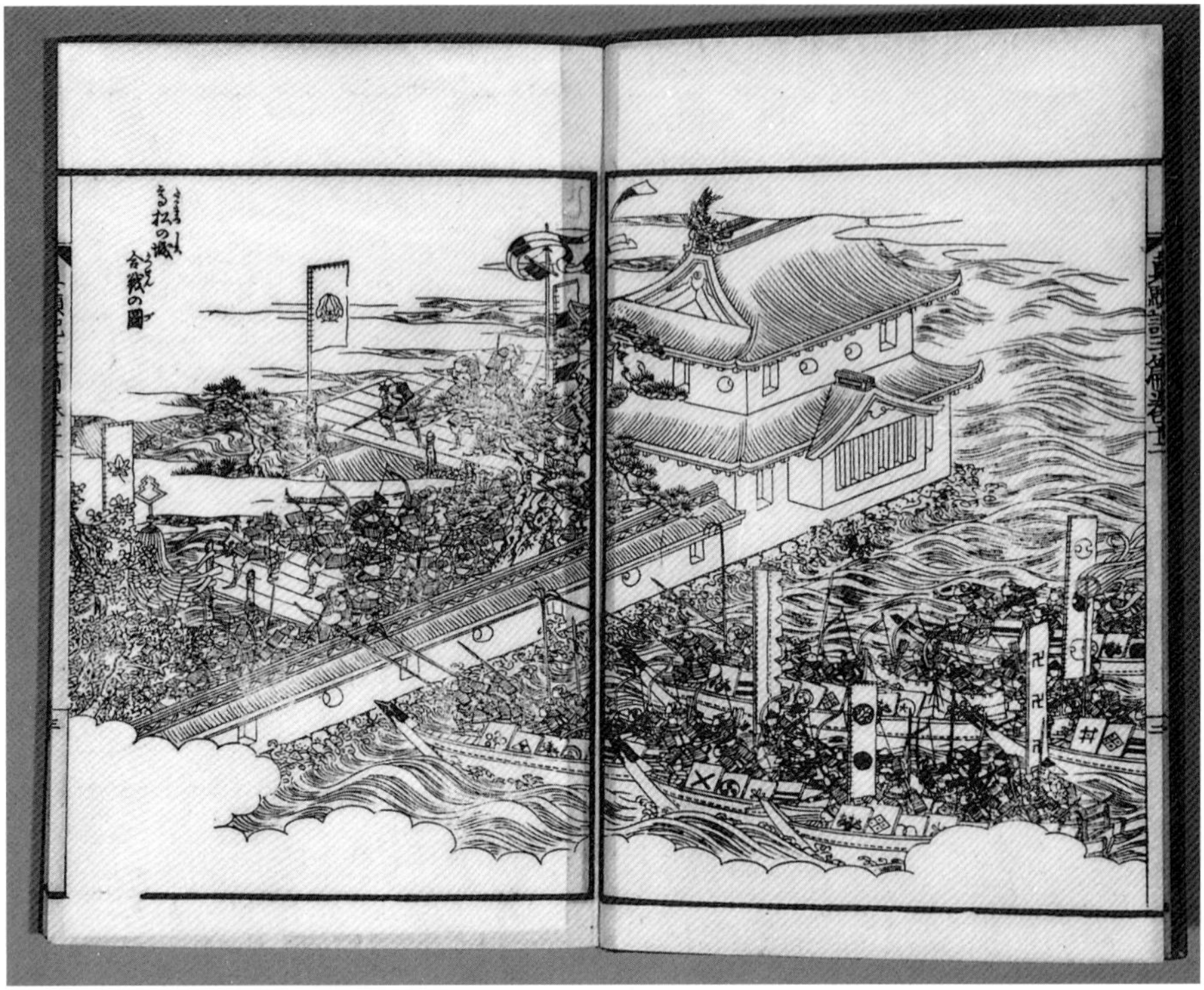

高松の城合戦の図
城を攻め落とそうとすれば、味方にもたくさんの死傷者がでる。秀吉は周囲の地形を熟知し、水攻めという奇策を選んだ。その詰めの段階で、天正10年（1582）信長が京都本能寺で明智光秀におそわれて自害する。

信長が美濃の某地に新規に城を築き、秀吉を城主にしたとある。これが『絵本太閤記』の場合はやや異なり、秀吉はアイデアを持った築城者として話の中心におかれ、有力な信長の家臣であった佐久間、柴田勝家はむしろ無能な脇役として扱われている。

昭和五十年愛知県江南市で、墨俣築城史料『武功夜話』が発見された。墨俣築城工程の明細、参加人数簿、城絵図なども含む、いわば中世城郭の築城工程を記した前代未聞の貴重な史料として注目された。築城人数は総勢二千百四十人（尾張の土豪・野武士二千六十五人）工事期間は四日間（九月十二日から九月十五日の朝まで）など実に細かく記してある。また蜂須賀小六正勝の書状の写しも確認されている。ところがこの史料は、江戸時代の写本であるなど未だ学界での評価は定まらない。墨俣一夜城については、後世の粉飾もあり、その規模、日数など正確な所は判っていないのが実情である。

奇策城攻め―鳥取かつやかしごろし

高松城水攻め

秀吉は、奇策の将である。また相手

信長公自ら敵に的り給ふ図

本能寺の変のイメージを固定化させた図である。燃えさかる寺院の縁先に身を乗り出し弓もしくは槍を手に戦う信長と森蘭丸の応戦姿は、幾度となく挿絵や錦絵、そして今では映像を通して日本人の脳裏にきざみつけられる。

方の死傷者をできるだけ出さず、また味方の損害も最小にと常に考えた。城攻めに際して採用したのが、鳥取ではかつやかしごろしという城の周りに頑丈な柵を巡らし、食料が尽きるのを待つ方法である。もう一つは高松城水攻めにみられるように、地形を熟知し、城の周囲に土塁を築き、その内側に川の水を流し込んで浮城と化し、陥落させる戦術である。いずれも食料が尽きるのを待つ持久戦である。これは黒田官兵衛の奇策といわれる。この高松城水攻めの途中、信長が本能寺で明智光秀に討たれたとの悲報が入り、緊急に講和をむすび、直後、秀吉は、光秀を討つために京へ上るのである。世に言う中国大返しである。

『絵本太閤記』は、この時の様子を詳細な絵を加えて説明している。とくに鳥取かつやかしごろしは、人肉を食するという場内の悲惨なさまを、余す所なく表現している。また高松城水攻めも後世、浄瑠璃太功記にもとりあげられ、秀吉の奇策を世に知らしめることとなった。加えて『甫庵・太閤記』には、敵である毛利方の武将に対する律儀な行為、すなわち中国大返しに際し

焼香之図

秀吉が、天下をとる足がかりとなったのが、スピーディな行動である。中国大返しののち、主君の仇討を短期間で果たしたこと。そして、信長の跡継ぎ問題を正論と根回しでもって自分の有利に導いたことである。
この京都大徳寺での信長の葬儀は、秀吉の地位を揺るぎないものにした。

て、講和を結んだ毛利方に対し信長の弔い合戦に参上する旨を報告。毛利方はその信義にうたれ、主君のあだ討ちに赴く秀吉に、鉄砲五百挺、弓百張、幟三十本を合力したという。『甫庵・太閤記』はこれらの様子をドラマチックに描き出すが、現実離れした作話であろう。作話には必ず挿絵があるのが、『絵本太閤記』の特徴である。庶民に対して、いわばビジュアルに訴える事で、その内容に一層のリアルさと迫力を加えたのである。

天下取りへの道

――山崎の合戦・清洲会議・賤ケ岳七本槍・小田原攻め

こうして秀吉には天下取りの命運が、期せずして飛び込んできたのである。備中高松から摂津富田へ約二百キロ、怒濤の勢いで攻め上る秀吉の前に光秀は敵ではなかった。戦後処理は、清洲でおこなわれ、柴田勝家はほぼ決定事項のように、居並ぶ重臣たちに三男信孝を推挙した。これに対し秀吉は死亡した信忠の遺児三法師を正論でもっておした。結論は他の重臣たちを自分の側につけた秀吉の意見が選択されたが、この禍根は、天正十一年（一五八三）の賤ケ岳の戦いに持ち越され、秀吉側の大勝利という結末を迎えるのである。なお賤ケ岳七本槍は余りにも有名であるが、これは『甫庵・太閤記』以後九本槍を語呂合わせの関係か七本槍に変更した。この時期、秀吉にとっては一生の転機をかけた戦が集中した時期でもある。

信長の猛将、柴田勝家を破り、あとに残るは、強敵徳川家康、四国の長宗我部、九州の島津そして北条氏であった。天正十八年（一五九〇）秀吉は、小田原城を攻め北条氏を滅ぼしたのち、奥州平定をおこない、ついに全国統一の偉業がなしとげられたのである。

『甫庵・太閤記』そして『絵本太閤記』などを参考に、秀吉の軌跡をあらかた追ってみた。ただしここでは、史実との違いを明らかにする作業を、おこなったのではない。いわば秀吉にかかわらず、日本人の根幹に流れる英雄観にふれてみたかったのである。端的にいって両著ともに、秀吉を英雄視し、秀吉の行為はすべて善として描かれてある。視点を変えるとこれを積極的に受容した庶民の凄じいエネルギーでもあり、時の為政者に対する明らかな反抗である。『太閤記』からの読み取りは、これが最重要であって史実との比較は余り意味を持たない。

秀吉の前半生と天下人になってからの秀吉が、同一人物とはおもえないとよく言われる。庶民は、天下人になった秀吉に批判精神を持っていなかったのだろうか。秀吉の在世中すでに、政治批判が庶民の中から落首（狂歌）という形であらわれていたのは、よく知られている。これについては冒頭の小和田氏の指摘の通り、迷走時代の秀吉についての研究は、大きな課題をわれわれに残している。千利休の自殺、文禄・慶長の役、秀次事件、聚楽第の破却など『絵本太閤記』の秀吉とは、余りにもかけ離れた秀吉の姿である。しかし、そのかけ離れた姿は、庶民の憧れ秀吉と、史実の秀吉とのギャップともいえる。

※「太閤記の世界―夢と希望と―」に使用した挿絵は、絵本太閤記（市立長浜城歴史博物館蔵）からの引用である。

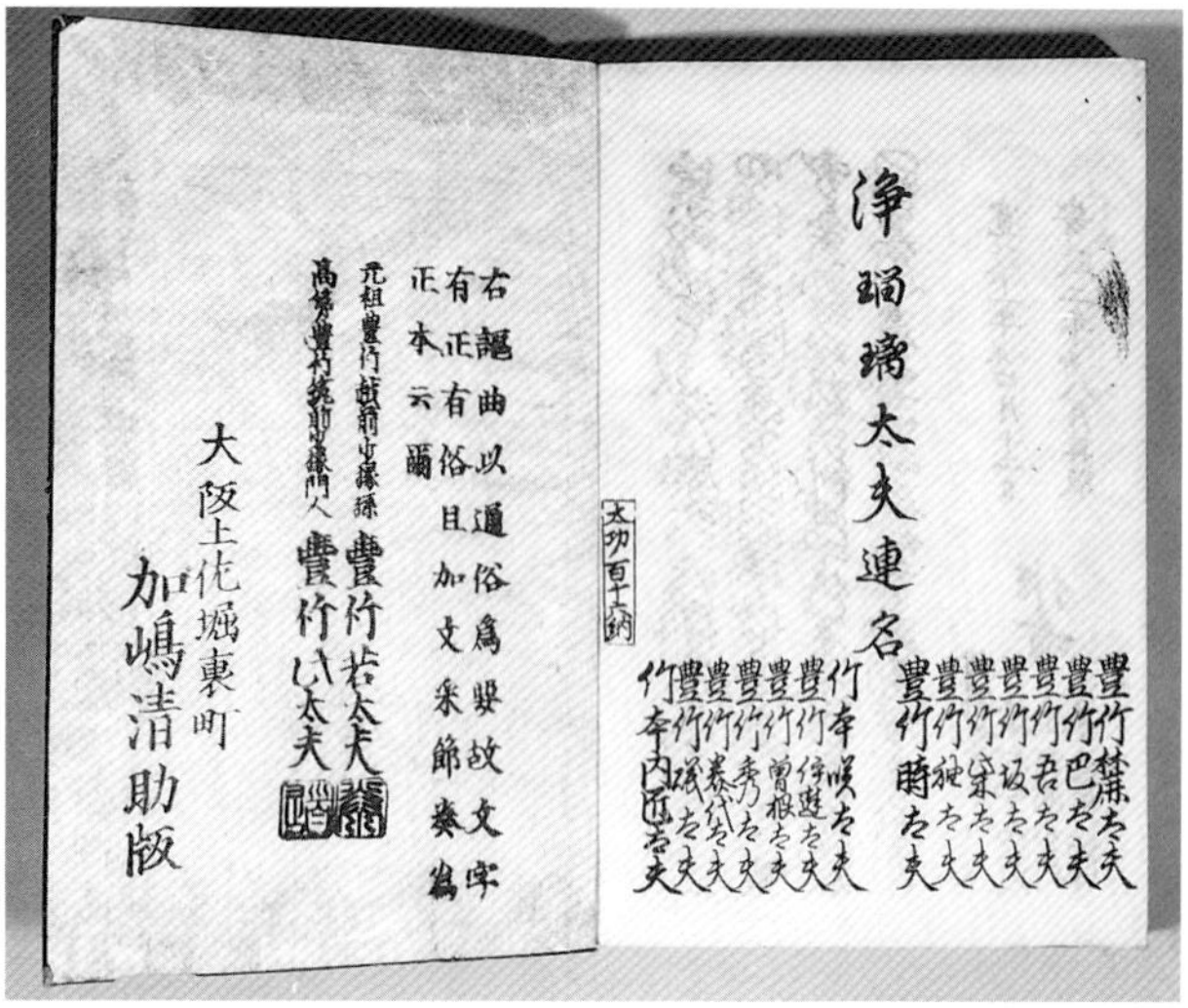

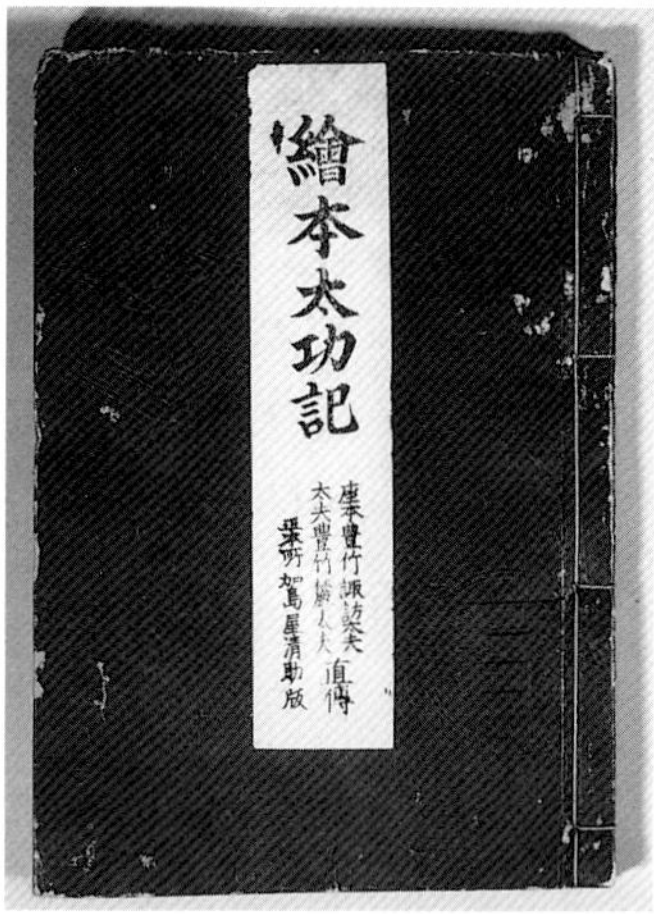

19　絵本太功記　国立文楽劇場蔵
絵本太閤記などをもとにして武智光秀の尾田春永への謀反を中心に描く。人形浄瑠璃では、寛政11年（1799）に初演、歌舞伎は、翌寛政12年に「恵宝太功記」として初演された。

演じられた秀吉

中島　誠一

『絵入太閤記』『絵本太閤記』の流布とともにこれを題材として浄瑠璃、歌舞伎そして講釈などが盛んに演じられた。

幕府は元禄時代に出版された『絵入太閤記』の発売を禁止処分にしたが、庶民のあいだでは、根強い人気を持ち続けていた。安永年間（一七七二〜一七八〇）には大坂の講釈師の語っていた太閤記を筆記した『太閤真顕記』という講釈本が出た。幕府は、太閤記物に禁圧を厳しく加えていたが、辻講釈までおさえることはできなかった。これを受けて寛政元年（一七八九）には『木下蔭《このしたかげ》狭間《はざま》合戦《がっせん》』が、人形浄瑠璃で演じられた。『木下蔭狭間合戦』は、初演以後、余り上演の機会に恵まれなかったが、享和から文化年間（一八〇一〜一八一七）にかけて上演回数が飛躍的に増える。

次に出版されたのが『絵本太閤記』

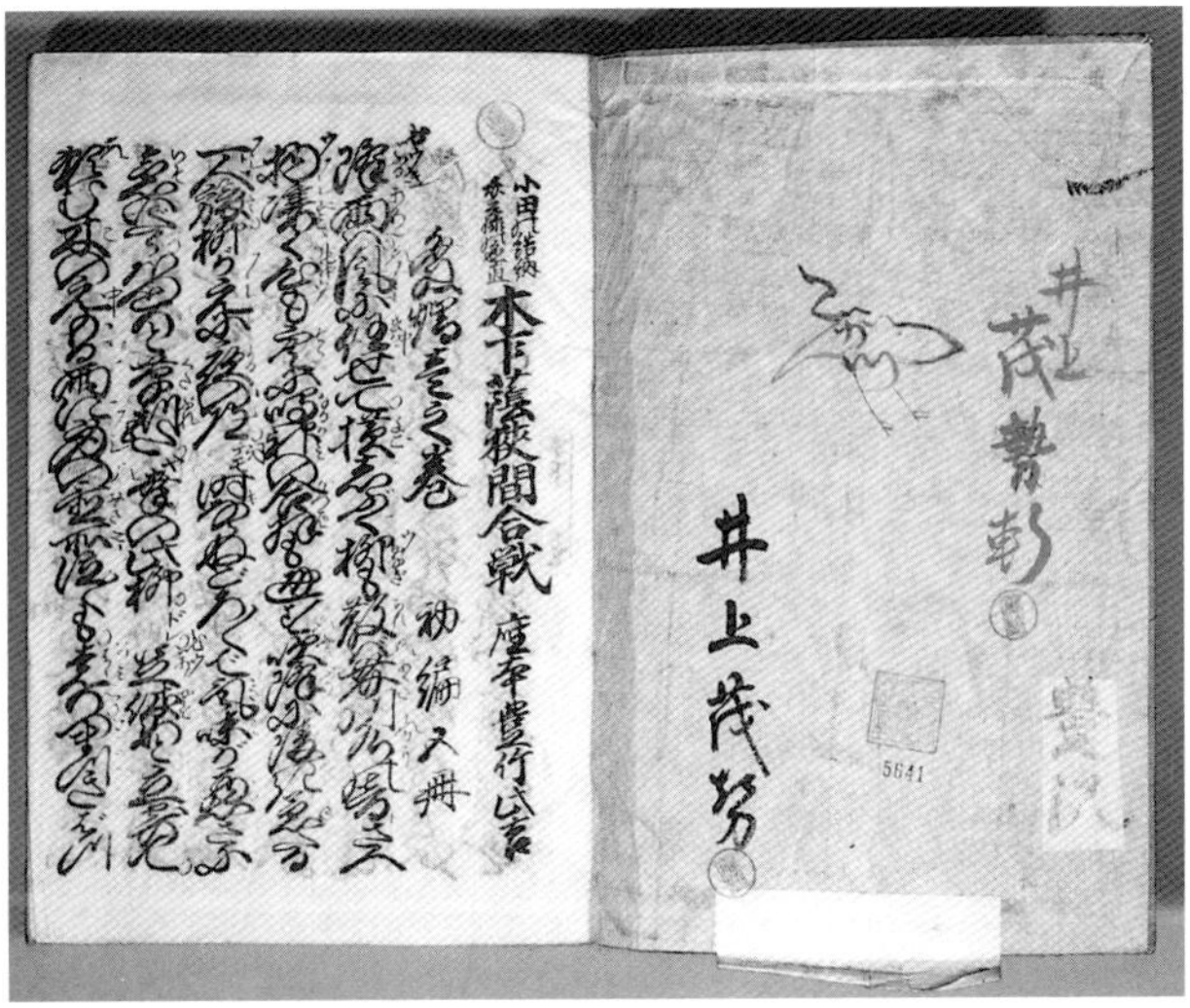

17　木下蔭狭間合戦　国立文楽劇場蔵
人形浄瑠璃では、寛政元年（1789）に大坂で初演。桶狭間の合戦を背景に竹中宮兵衛や小田春永、此下当吉が大活躍。日吉丸と盗賊石川五右衛門は同じ盗賊仲間とされる。

で、大坂の画家である岡田玉山が沢山の挿絵をつけて、広く庶民に親しまれる事となる。これは歴史物語といってもほとんど創作された読み物のようなもので、庶民には、大層もてはやされた。この『絵本太閤記』の人気と評判をみて、寛政十一年（一七九九）には人形浄瑠璃による『絵本太功記《えほんたいこうき》』が初演され、享和元年（一八〇一）には『日吉丸稚櫻《ひよしまるおさなざくら》』が興行された。『絵本太閤記』が完結した年の夏、享和二年（一八〇二）には、京の嵐三吉座のお盆興行にも浄瑠璃芝居が上演された。芝居の方は特に幕府の取り締まりが厳しいので、わざと外題も『絵本太功記』と文字を違えたり、秀吉の名を、真柴久吉としたり、信長は春永と変えたりしている。この芝居も大当たりで、光秀が竹やぶから出てくる場面は特に大好評であり、現在でも歌舞伎の時代物として上演される。このように『絵本太功記』は、元来人形浄瑠璃で演じられたものであるが、現在、歌舞伎で上演されるのは、この十段目だけのことが多く、そのため「太十《たいじゅう》」とよばれる。太功記は、元来秀吉の出世話であるが、「太十」の主人公は明智光

絵本太功記　十段目　尼ケ崎の段　国立文楽劇場・人形浄瑠璃文楽座提供
この十段目は、作品全体を集約した部分で、光秀一家の悲劇が中心となっている。絵本太功記の主人公は、もちろん真柴筑前守久吉すなわち秀吉であるが、この場面では天下を取っている武智（明智）光秀である。

秀、役名では武智光秀である。その光秀が登場する時の義太夫「あらわれいでたる武智光秀」は余りにも有名である。

さてその出し物の内容について概略記しておきたい。『木下蔭狭間合戦』は太閤記物の一つとして名高い作で、三好長慶親子が美濃の斉藤道三と共謀して、足利義輝を滅ぼし天下を狙おうとする。これを尾張の小田春永が防ごうとする内容である。これに此下当吉と石川五右衛門とを対立させ、二人の活躍を中心に脚色してある。初編五冊、後編五冊からなる全十段の時代浄瑠璃で、特に七冊目官兵衛陣屋（竹中砦）では、道三の軍師竹中官兵衛が、小田の此下当吉の知謀と左枝犬清の捨て身の働きによって裏をかかれ、主君の義龍を討ち取られる。そのとき、竹中の娘、千里と犬清とのあいだの子を、当吉は母衣のしたに守って戦い、その子がのちに春永に仕える事となる。『木下蔭狭間合戦』という外題は、この事件と桶狭間の合戦とを利かせて付けられたものである。

『日吉丸稚櫻』は、享和元年（一八〇一）十月四日から大坂で上演された。

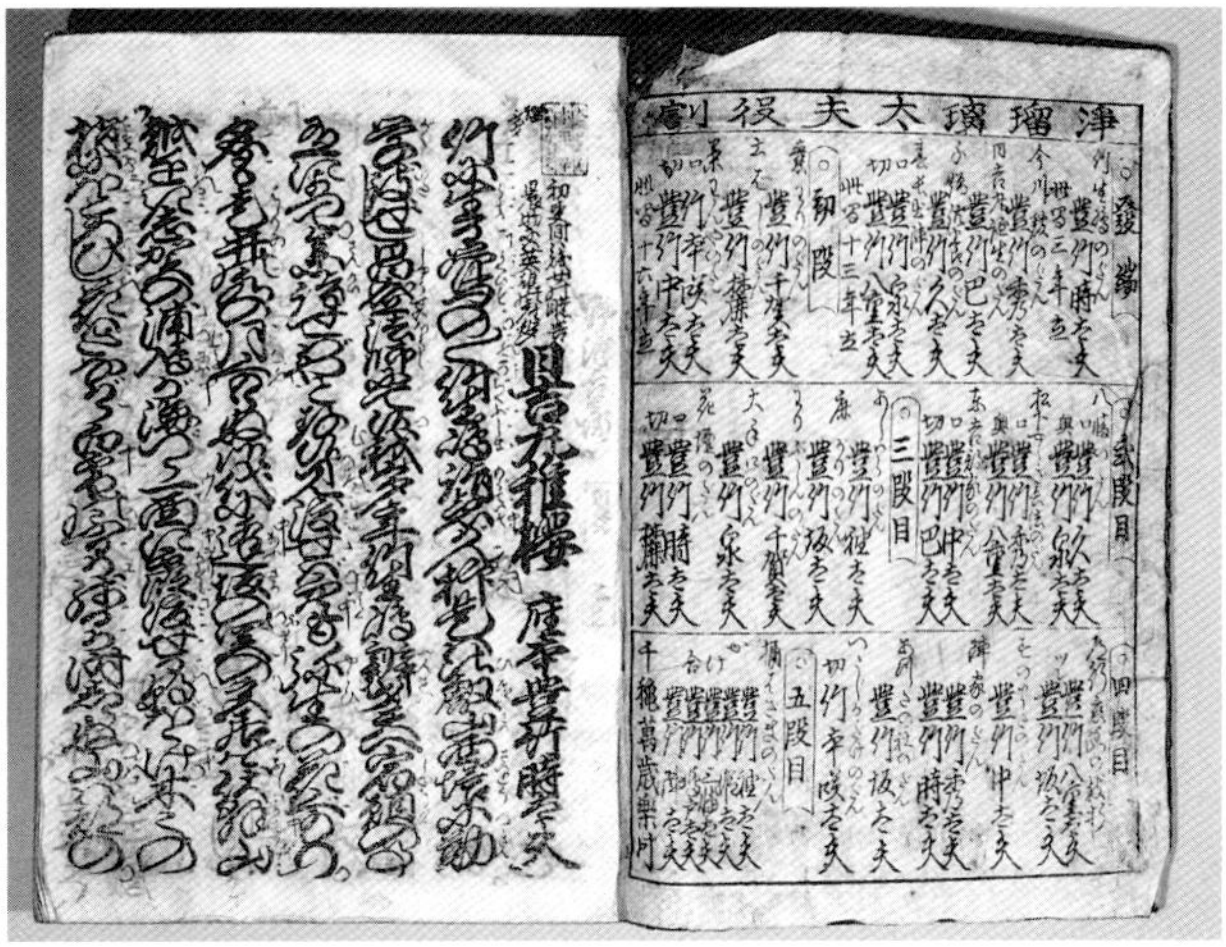

18　日吉丸稚櫻　国立文楽劇場蔵

ここに紹介した人形浄瑠璃本は通常丸本とよばれる。義太夫節の詞章全編を一冊にまとめた版本のことである。また丸本物というと、歌舞伎脚本で義太夫の操浄瑠璃芝居を歌舞伎化したものをさす。

角書《つのがき》に「初更間は賤女の睦言、晨には英雄の産声」とあるように、日吉丸の出生から、桶狭間の合戦までを描く。特に秀吉が木下藤吉郎時代に堀尾茂助の案内で間道から進んで、斉藤龍興の居城である美濃の稲葉山城を陥落したという事件、ならびに清正が鍛冶屋の倅《せがれ》で幼少に父を失い母の縁で、秀吉の許に養われて、遂にその臣下となって武名を立てたという『絵本太閤記』の一節を総合して作られた五段からなる時代物である。

『絵本太功記』は、天正十年（一五八二）六月二日、武智光秀が主君小田春永を本能寺に夜討してから、同月十三日京の小栗栖で土民の竹槍にて刺殺されるまでの前後十三日間の事件を十三段に分け、始めに発端として安土城春永館の場を書き添えたものである。このように『真書太閤記』『絵本太閤記』などを題材とした、いわゆる太閤記物の浄瑠璃は非常に多いが、主な作品として、近松門左衛門の『本朝三国志』〈享保四年（一七一九）〉、竹田出雲の『出世握虎稚物語』〈享保十年（一七二五）〉、近松半二らの『三日太平記』〈明和四年（一七六七）〉などがあげられる。

長浜町衆の秀吉信仰

26　木造　豊臣秀吉坐像　知善院蔵

唐冠を被り束帯姿で右手に笏を持ち、太刀を佩く典型的な神像姿の秀吉木造である。神像は眉根を寄せ、眼光鋭く厳しい表情が他の像とは異なる。寺伝では、曽呂利新左衛門の作品で大坂城内の天守閣に安置されていた。大坂夏の陣での落城の折りに侍女が持ち出し、知善院に供養を依頼したものという。

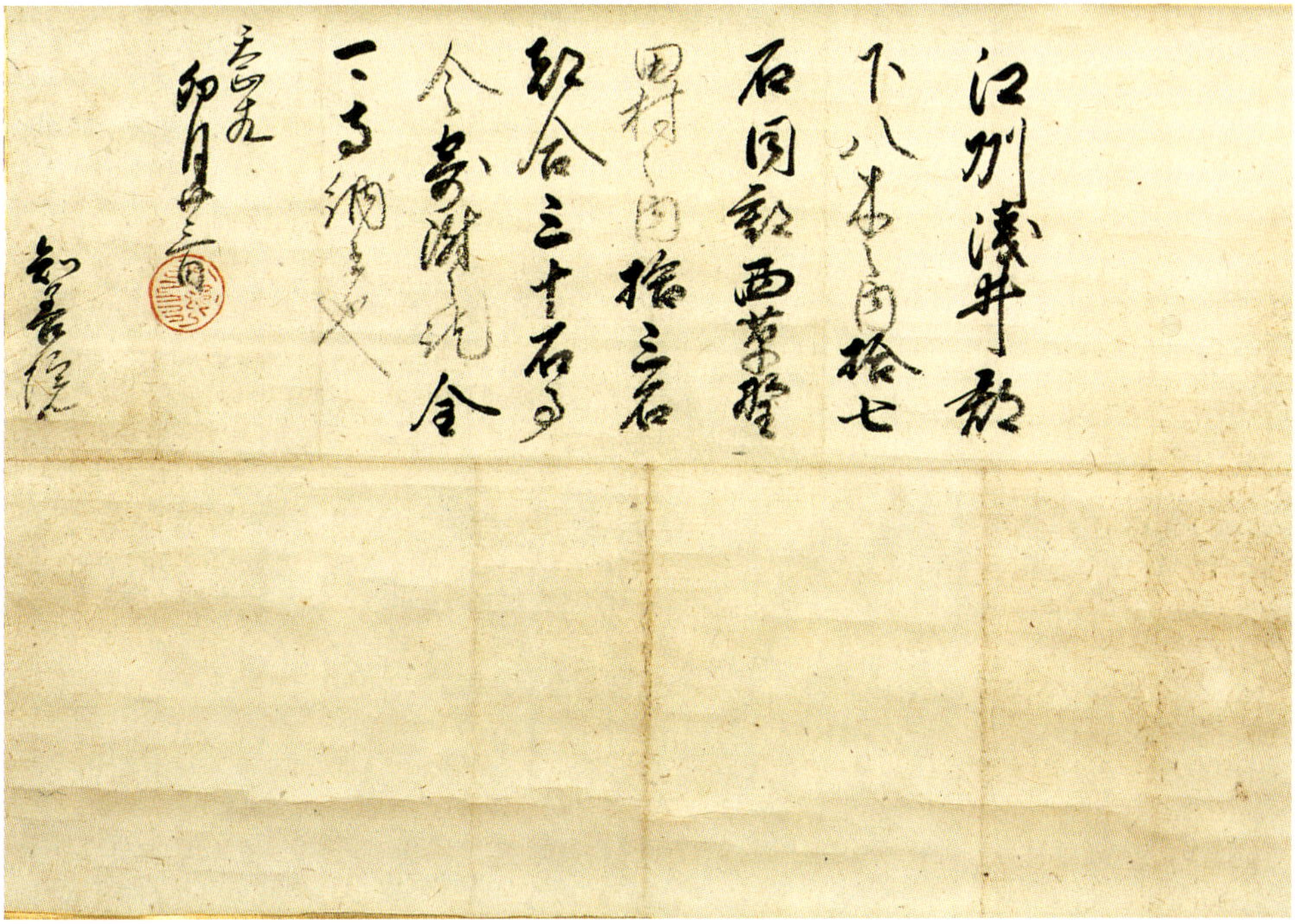
江州浅井郡
下八木之内拾七
石同郡西草野
田村之内拾三石
都合三十石事
令寄附訖全
可寺納也
天正十九
卯月廿三日（朱印）
知善院

29　豊臣秀吉朱印状　知善院蔵
天正19年（1591）4月23日、豊臣秀吉が知善院に対して、30石の寺領（朱印地）を与えたことを示す文書。知善院が長浜での「秀吉信仰」の中心となるのは、このように秀吉生前からの深い縁があったからである。

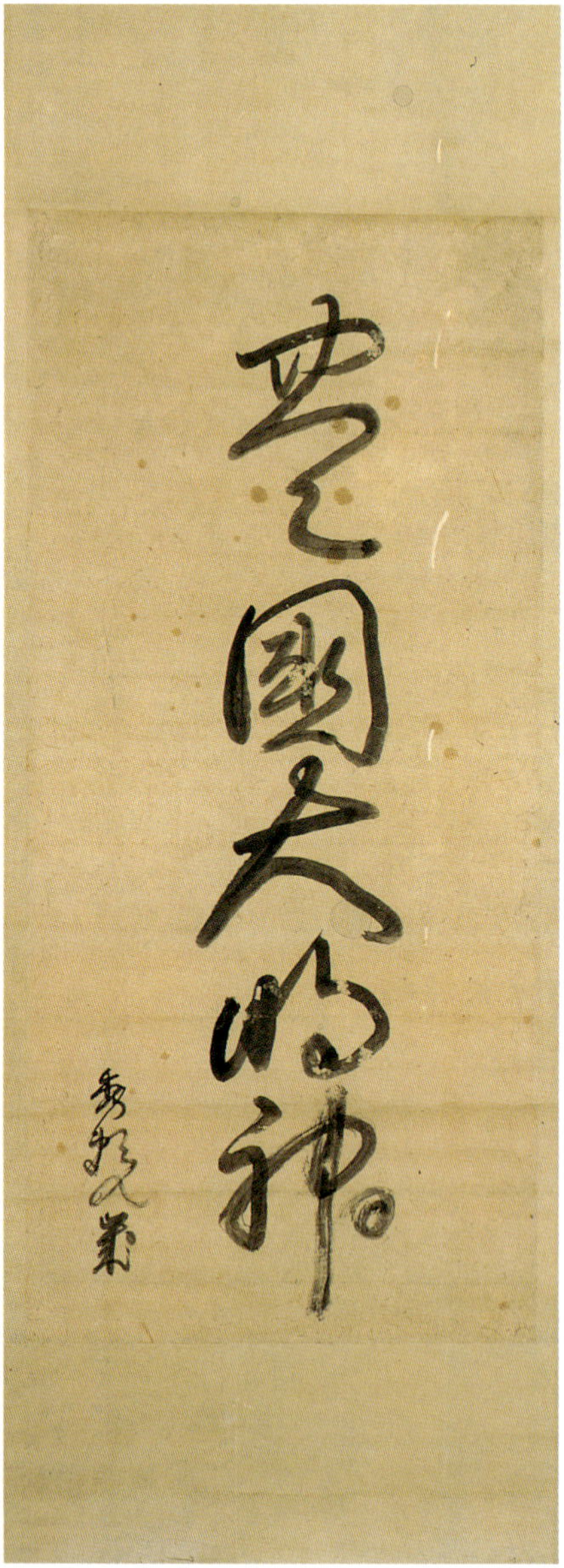

28　「豊国大明神」神号　知善院蔵

全国に多く残る秀頼自筆「豊国大明神」の神号の一つ。秀頼８歳とあるから、慶長５年（1600）の作品である。これら神号は、京都の豊国社に続いて建立された各地の豊国社で祀られていたものと推定される。本書も、本来は長浜豊国社のものであろう。

長浜八幡宮往古図　長浜八幡宮蔵
江戸時代以前の長浜八幡宮の状況を描いた唯一の図。ただし、図中には時代を特定できる明確な証拠がなく、秀吉の復興前か後かは不明。秀吉は城下町・長浜の地主神である同社を守護し、祭の形態も大きく変更したと考えられる。

31 「豊国大明神」神号 長浜八幡宮蔵
長浜には先の知善院のものと本書を合わせて、都合２幅の秀頼自筆「豊国大明神」神号が伝来する。秀頼10歳とあるので、慶長７年（1602）の作品。現存する秀頼筆神号は、そのほとんどが８歳から11歳の間に書かれたものである。

34　豊臣秀吉像　市立長浜城歴史博物館蔵

正面を向き、唐冠・直衣をつけた秀吉像。長浜南伊部町の旧家に伝来したもので、箱に「豊臣神君像　久我大納言親資卿筆」とある。秀吉の遠忌法要に使用されたと考えられ、長浜町衆による「秀吉信仰」の実像を端的に表す。

27　木造　豊臣秀吉坐像　高月町守本区蔵
高月町森本神社の摂社・豊国神社の御神体である。衣冠束帯姿で太刀を佩き、眼光は鋭い小型の神像である。

豊臣秀吉像　神照寺蔵
長浜市新庄寺町の神照寺に伝わる秀吉像である。複数ある秀吉像の系統の内、藤田美術館本など旧牟田口家本系の秀吉像を模写したものと推定される。寺伝では、文政4年（1821）に智積院の管長が描いたものと伝える。

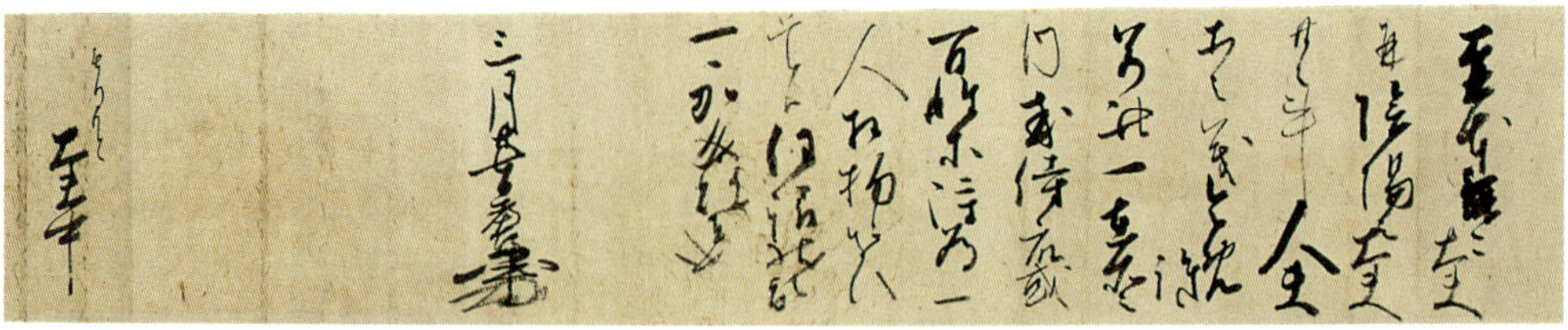

35　羽柴秀吉判物　高月町森本区蔵

長浜城主時代の羽柴秀吉が、森本の大夫（舞人）に対して、人夫役の免除を認めた文書である。伊香郡森本村は、浅井久政に仕えた鶴松太夫を出すなど幸若舞系とみられる舞人村であった。森本に豊国神社があり、秀吉を祀るのは、この課役免除への報恩の意味がある。

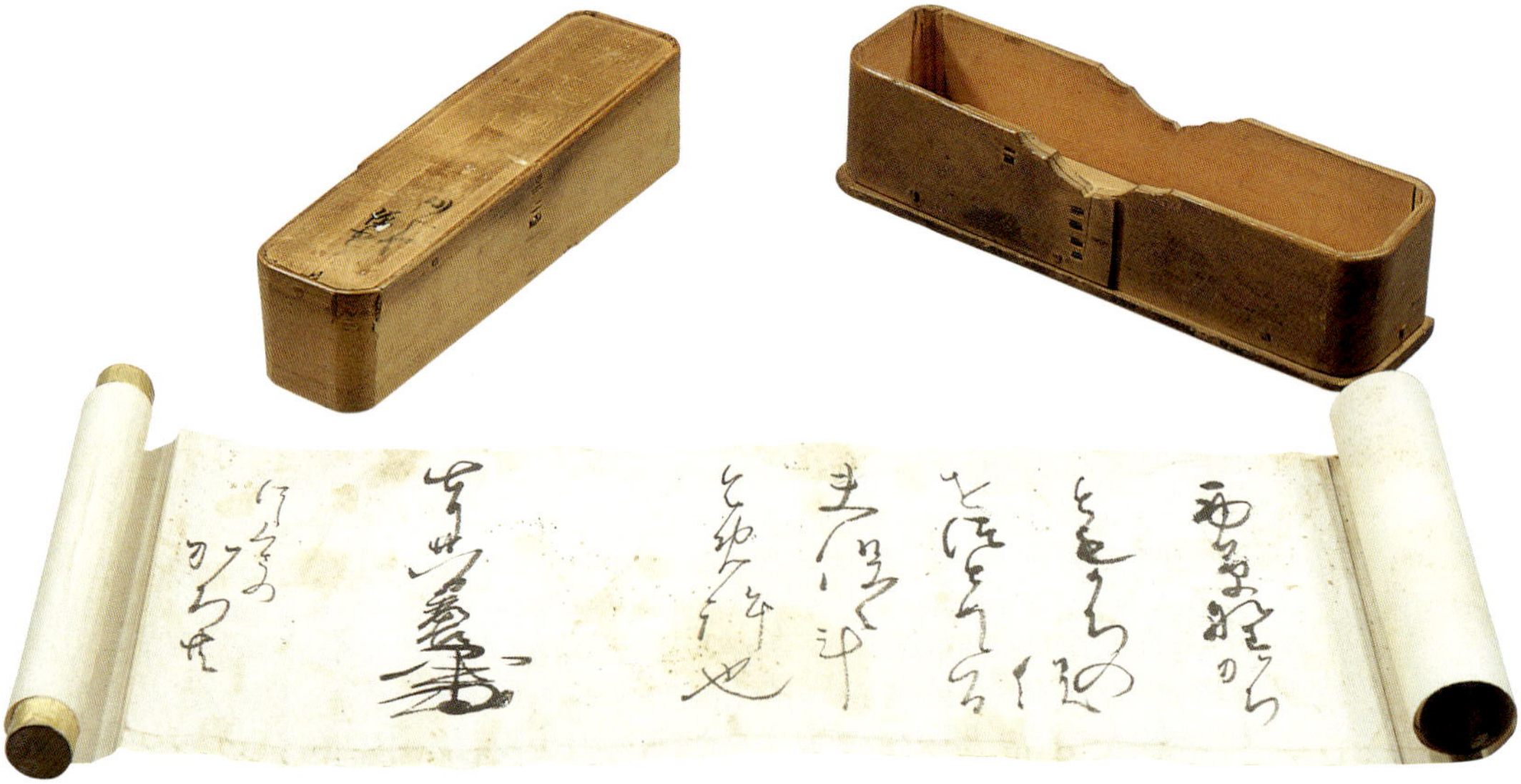

36　羽柴秀吉判物　個人蔵

長浜城主時代の羽柴秀吉が「西草野鍛冶」に対して、鍛冶役以外の夫役を免除した文書。「西草野鍛冶」は、現在の浅井町大字鍛冶屋の槍鍛冶と考えられる。鍛冶屋集落を含む上草野地域に、秀吉に関する出生伝承や神社などが残るのは、こういった秀吉生前からの縁があった為と推定される。

湖北・長浜での秀吉信仰

太田　浩司

湖北・長浜と秀吉

湖北・長浜にとっての豊臣秀吉は、善悪さまざまな顔を持つ。それは、時代によって変化していったもので、一応次のように分類できよう。

①元亀元年（一五七〇）～元亀四年（一五七三）
浅井氏攻めの先陣をつとめる木下秀吉

この時代は、同盟を破棄した浅井長政を攻撃する織田信長軍の先陣として、木下秀吉は活躍する。元亀元年の姉川合戦の後は、横山城（現在の長浜市と山東町の境界に所在）を守備、さらに元亀三年からは虎御前《とらごぜ》山《やま》城（現在の虎姫町に所在）に入り、その陣頭指揮をとった。この間、湖北の浅井方の拠点を攻撃した他、多くの寺社を焼いている。この時期の秀吉は、湖北・長浜の住民にとって、敵対者であった。

②天正元年（一五七三）～天正十年（一五八二）
湖北の領主・長浜城主であった羽柴秀吉

天正元年に、足掛け四年にわたり抵抗を続けた浅井氏は滅亡する。改姓した羽柴秀吉は信長から、その戦功著しかったことへの恩賞として、浅井氏の旧領である湖北三郡の地を与えられた。また、彼は長浜城を新たに築城すると共に、城下町を建造し領国の核とした。この間の秀吉は、占領軍の大将として活動したが、新たなる都市政策を行い、近世につながる農村政策を打ち出すなど、大いに湖北の再興に尽くした。この時期、秀吉は湖北・長浜の新たなる指導者・統治者として転身する。

③天正十一年（一五八三）～慶長三年（一五九八）
天下人としての秀吉

羽柴秀吉は、信長が倒れた本能寺の変後に長浜城を離れ、賤ケ岳合戦・小牧長久手合戦・小田原の陣などを経て、天下人・豊臣秀吉にのし上がっていく。この間、秀吉は長浜に対して、さまざまな夫役《ぶやく》をかけてくる。賤ケ岳合戦にあっては、木之本までの食料輸送を命じ、小牧長久手合戦にあっては、尾張方面への物資の輸送を命じている。さらに、文禄・慶長の役では、長浜の船持に対して水夫《かこ》役も課している。この時代、長浜町民にとっての秀吉は、逆らうことができない天下人であった。

賤ケ岳合戦で指揮をとる秀吉
「賤ケ岳合戦図屏風」（市立長浜城歴史博物館蔵）から

④慶長三年（一五九八）以降

「秀吉信仰」の成立

慶長三年（一五九八）八月十八日、秀吉は伏見において六十二歳で病没する。この後、各地に豊国社が建立され、秀吉は「神」として祀られるようになる。長浜でも豊国社が勧請され、秀吉を祀る社《やしろ》は江戸時代を通して、町年寄によって護持された。

全国的には、江戸時代の秀吉への信仰は、現政権である徳川幕府への批判の意味を多少なりとも持っていたが、湖北・長浜の「秀吉信仰」も同様である。江戸時代の長浜は、彦根藩によって支配されていた。開町の恩人としての信仰と共に、彦根藩支配への反発も、長浜の「秀吉信仰」には入り混じっていた。

「秀吉信仰」と秀吉の実像

本章では、④の部分である湖北・長浜での「秀吉信仰」について考えてみたい。すでに明らかなように、「秀吉信仰」は彼の事蹟そのものとは別である。秀吉生前の湖北・長浜での秀吉感とは、まったく異なるものであることは十分注意しておく必要がある。江戸

現在の知善院正面
知善院は、旧長浜城下町の北部の所在する天台真盛宗の寺院で、江戸時代以来、長浜での「秀吉信仰」の中心となってきた。正面の門は、長浜城の搦手門であったという伝承がある。

時代の人々が秀吉を如何に評価し、如何に祀ったかの問題なのであって、これは江戸時代の世相や思想を、秀吉という人物を使って投影した姿なのである。生前の秀吉と湖北・長浜の住民との関係は、先に見たように「信仰」からは程遠い、現実的な領主―領民関係であった。この点を理解した上で、湖北・長浜での「秀吉信仰」のあり方を詳しく探ってみよう。

知善院と秀吉

長浜の「秀吉信仰」の中心となったのは知善院（長浜市元浜町に所在）である。天台真盛《しんぜい》宗の寺院である知善院は、天正二年（一五七四）に、長浜城下町を建造していた秀吉によって、浅井郡の小谷城下から現在地に移された。その位置は、長浜城下町北部の旧知善院町で、長浜城の鬼門にあたるという。秀吉の長浜城主時代、その長男と伝えられる法名朝覚《ちょうかく》（秀勝とも伝承）が早世すると、天正四年（一五七六）十月二十二日、秀吉はその供養料として伊香郡井口《いのくち》村（現在の高月町大字井口）で寺領三十石を、知善院へ寄進している。この寺領は、天正十九年（一五九一）の検地後に行われた寺領改めにより、浅井郡下八木村（現在のびわ町大字下八木）十七石、同郡草野田村（現在の浅井町大字太田）十三石の都合三十石に変更されたが、江戸時代を通じて朱印地として存続した。また、知善院の本尊である阿弥陀三尊像は、秀吉が中国攻めの途中、播磨国の書写山円教寺（現在の姫路市に所在）へ進駐した際に、その境内から持ち出し長浜に運んだものという。

このように、知善院は生前から秀吉と深い関係があった寺院である。また、秀吉没後もゆかりの品々が寄せられている。当寺の本尊向かって左の厨子《ずし》内には、木造の豊臣秀吉像が祀られている。この像は、秀吉のお咄《はなし》衆・曽呂利新左衛門の作で、大坂城の天守閣に安置されていたが、大坂落城の折に侍女が持ち出し、その供養を知善院に依頼したものと言われる。この侍女は長浜の町年寄・吉川三左衛門の娘であった。吉川家は、当院の大檀那であったので、その縁で寄進されたものだが、知善院が長浜の「秀吉信仰」の中心となっていくのは、この頃からと考えられる。

さらに、知善院には秀吉の側室で、

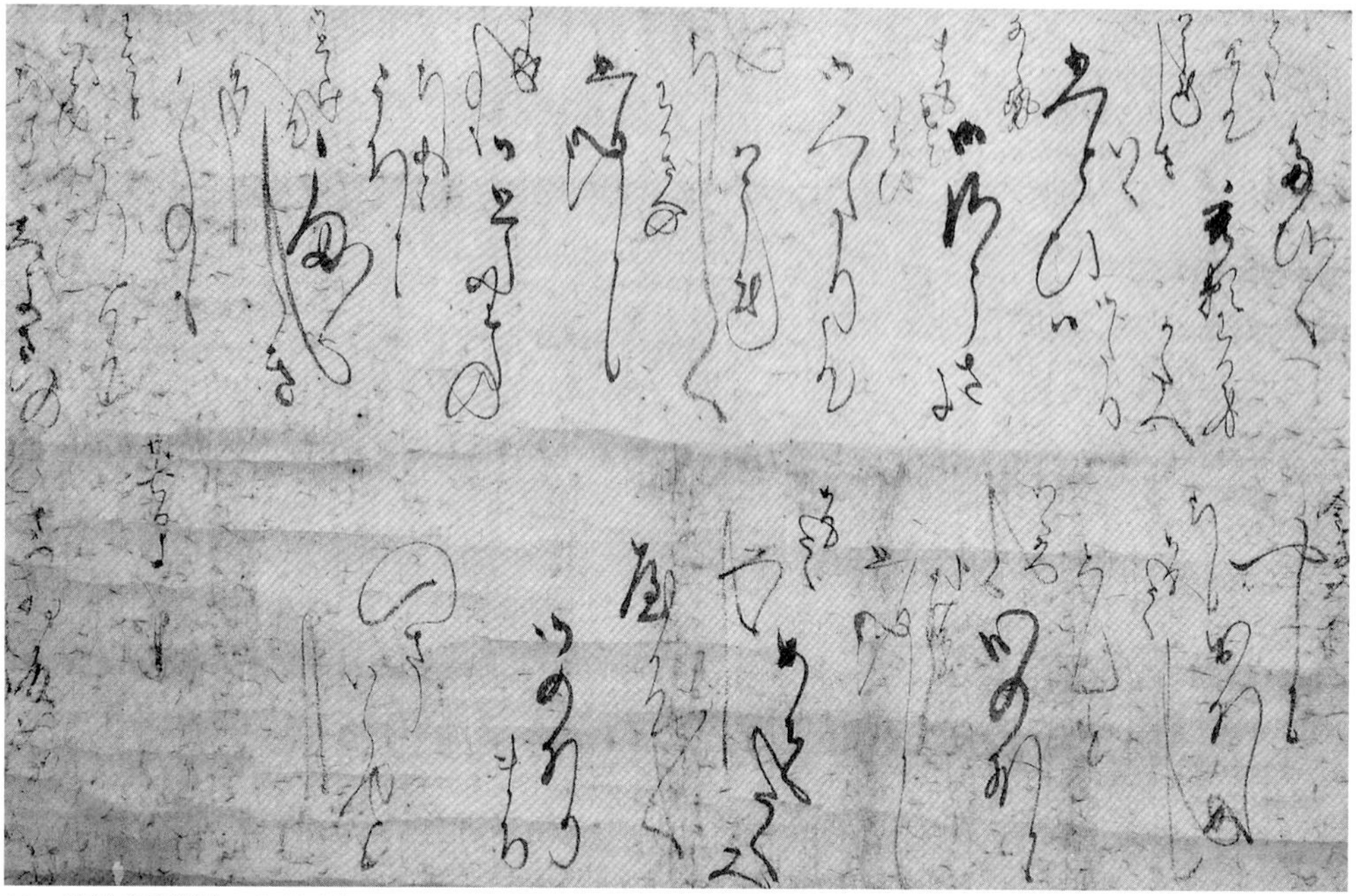

30　淀殿自筆消息　知善院蔵
秀吉の側室淀殿（浅井長政の長女）が、その妹婿である京極高次に宛てた書状で、その来訪を謝した内容である。後世、秀吉ゆかりの知善院へ寄進されたもので、「秀吉信仰」の一つの証と言えよう。

豊臣秀頼の母として知られる淀殿（茶々）の自筆消息（長浜市指定文化財）が伝わる。この消息は、その妹婿にあたる京極高次に宛てたもので、本来は知善院に伝来したものではない。ある時代に信者から寄進されたものであろうが、秀吉と当院の深い関係を配慮しての寄進と考えられる。

知善院観音堂の建立

知善院において、「秀吉信仰」の具体相が確かめられるのは、元禄十三年（一七〇〇）から計画され、元禄十五年（一七〇二）に完成した観音堂の建立が最初である。この観音堂は、町年寄・吉川三左衛門ら長浜の町民百三十七人が、「地子《ぢし》報恩講」を結び建造したものである。堂内部の中央に木造の十一面観音坐像（重要文化財）を祀っていたが、その左右には豊臣秀頼八歳の書と記された「豊国大明神」の神号と、徳川家康の神号「東照大明神」を飾っていた。「豊国大明神」の神号軸は、浅井郡三川村（現在の虎姫町大字三川）新兵衛による寄進であった。

「地子報恩講」とは、天正十九年（一五九一）五月九日の豊臣秀

現在の知善院観音堂

吉朱印状によって長浜町に与えられた、三百石の年貢（地子）免除地のことである。この年貢免除は、元々は秀吉が城下町への町民誘致策として打ち出したものであった。この朱印状によって、長浜町民の特権として制度的に認められるようになり、年貢免除区域を朱印地と呼ぶようになる。この朱印地は、江戸時代に至るまでも保証され、長浜町発展の基礎を築いた制度と理解されるようになる。すなわち、町人自治のシンボルと、江戸時代の長浜では理解されていた。「地子報恩講」とは、朱印地を与えてくれた秀吉を礼拝するもので、この堂は実体として秀吉廟であった。それをカモフラージュするため、観音像や家康の神号を飾ったものと推定される。

秀吉の年忌法要

知善院には、元禄十五年に作られた「観音堂建立落成記」が残されている。その冒頭には、次のように記される。

長浜町地子三百石、太閤公御朱印成《な》し下《くだ》させられ、今に代々ご赦免、御恩報し難《がた》く寸志無しと雖《いえど》も、空しく数年を送るを嘆く、地子報恩講を結び十八日毎《ごと》に信成を勧め来たる哉《や》、不思議十一面観音像　大明神　大権現両御名号を知善院に寄進あり、此《これ》に依り此の結縁信心の輩《ともがら》助力を加え、元禄十五年壬午《みずのうま》三月、当院に仮堂を建て、観音を安置仕《つかまつ》り（後略）、

十八日に法要を行っているのは、秀吉の命日と観音の縁日が、たまたま重なった為だが、この堂において、秀吉神号と観音像を同時に祀るのは、この偶然性を利用してのことと考えられる。さらに、「建立落成記」には、三月十七日から四月十八日まで、観音堂の開帳を行ったとあり、「願主」として「地子報恩講中」、「施主」として「長浜町惣中」の名が記されている。まさに、これまで育んだ「秀吉信仰」の集大成として、この堂が建立されたことが分かる。ちなみに、この観音堂の建設にあたった大工は、長浜の曳山大工として著名な藤岡甚兵衛である。

知善院では、その後も秀吉の遠忌法要が行われている。延享四年（一七四七）八月には、秀吉百五十回忌を、寛政七年（一七九五）八月には二百回忌

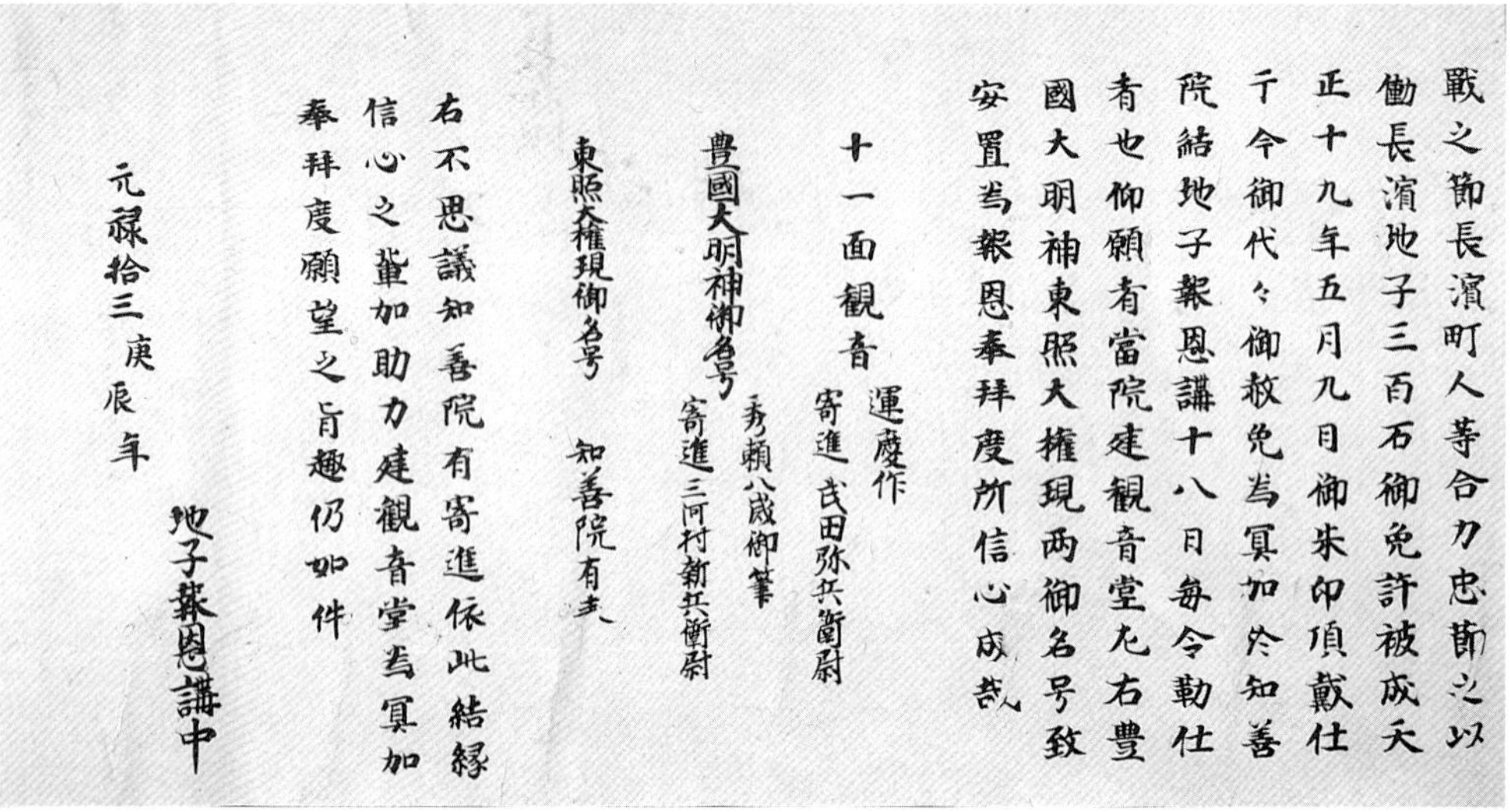

戰之節長濱町人等合力忠節之以
働長濱地子三百石御免許被成天
正十九年五月九日御朱印頂戴仕
于今御代々御赦免為冥加於知善
院結地子報恩講十八日毎令勤仕
者也仰願者當院建観音堂左右豊
國大明神東照大権現両御名号致
安置為報恩奉拝度所信心成哉
十一面観音　運慶作
寄進　武田弥兵衛尉
豊國大明神御名号　秀頼八歳御筆
寄進　三河村新兵衛尉
東照大権現御名号　知善院有来
右不思議知善院有寄進依此結縁
信心之輩加助力建観音堂為冥加
奉拝度願望之旨趣仍如件
元禄拾三庚辰年
地子報恩講中

観音堂建立発願文　知善院蔵
元禄13年（1700）に記された観音堂建立の発願文。秀吉と長浜との関係についてふれた後、最後に堂内の配置を記す。十一面観音坐像を中心として、その左右に秀吉の神号と徳川家康の神号を祀っていたことが分かる。

を、弘化四年（一八四七）には二百五十回忌をそれぞれ修している。現代に至っても、昭和六年（一九三一）六月十七日・十八日の両日にわたり、秀吉三百五十回忌の法要を行った（実際は、三百三十一回忌にあたる）。この法要では、十八日に献茶式も行われている。

　この三百五十回忌は、長浜町はもとより周辺の湖北地域から、多くの寄附金を募り行われた。その参会者は、長浜町長笹原司馬太郎をはじめとする名士、長浜内の各自治会の代表や町民有志、それに寺院関係者など約四百五十人に及び、経費は一一九七円余を計上している。昭和初期に至っても、秀吉の供養が町全体で行われていたことが分かり、「秀吉信仰」の持続を跡づけることができる。

長浜八幡宮と秀吉

　長浜八幡宮も、生前の秀吉によって保護を加えられた神社である。秀吉は、長浜城下町の南部・八幡町《やわたまち》附近にあった当社を、現在地に移転させ東西二町、南北一町の社地を年貢免除地として保証した。天正二年（一五七四）二月二十日には、寄進状を出して寺領百六十

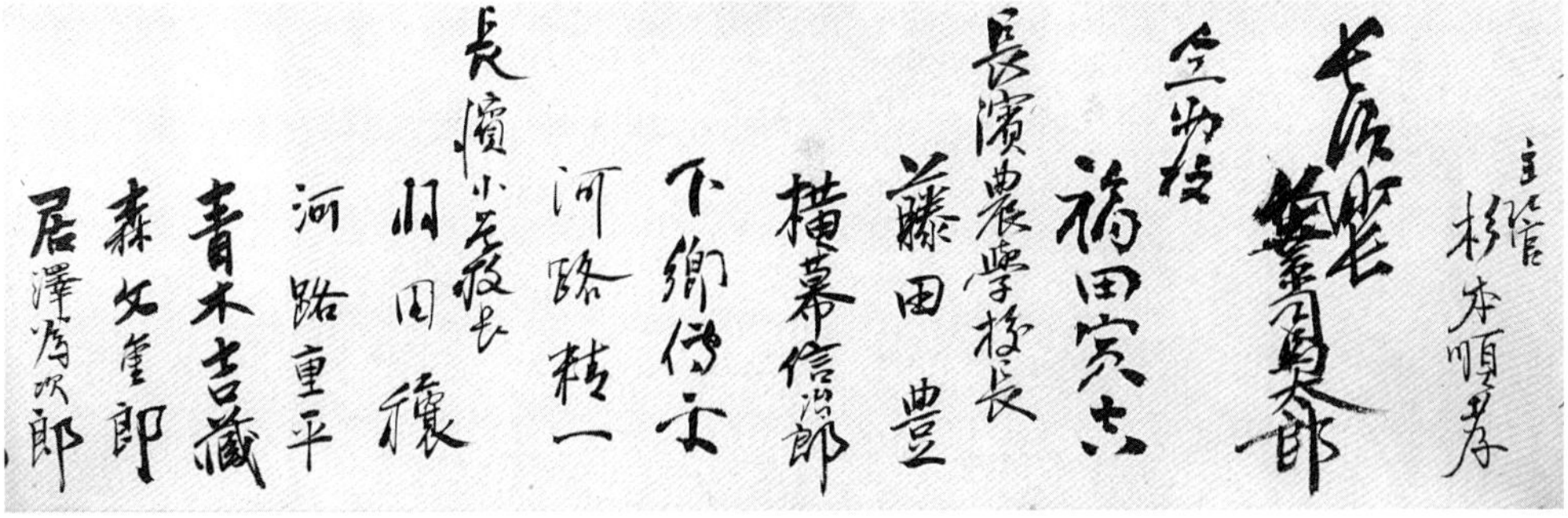

秀吉350回忌法要の芳名録　知善院蔵
昭和6年に行われた三百五十回忌の芳名録。町内の寺院や名士の名が並ぶ。写真の部分には、長浜町長笹原司馬太郎や下郷伝平・河路重平ら名士の名前が見える。

石の安堵をしている。この寺領は、天正十九年（一五九一）には百七十石の朱印地として確定している。また、秀吉は天正二年から翌年にかけて、元亀争乱で荒廃した社殿復興を手がけたと伝えられ、さらに天正八年（一五八〇）からも社殿の造営を行ったという。おそらく、前者が仮復興で、後者が本格的な復興事業として位置付けることができよう。

　長浜八幡宮の学頭として知られる舎《しゃ》那院《ないん》には、天正九年八月三日の年紀が入った「阿弥陀三尊懸仏《かけぼとけ》」が現在も保存されている。これは、裏面の墨書から「羽柴秀吉殿御れう人」の「息災延命」を祈って奉納されたものであることが分かっている。「御れう人」＝「御料人」については、秀吉の生母「なか」を指すという説や、夭折《ようせつ》した秀吉の男子を指すという説がある。また、同じく舎那院に伝わる薬師如来坐像（長浜市指定文化財）は、本来は長浜八幡宮の薬師堂（現在の天満宮）の本尊である。この像も、知善院の本尊と同様に、秀吉が書写山円教寺から長浜へ持ち帰ったものとされ、像容も中国地方系と言われる。

　このように長浜八幡宮と秀吉は、元々深い関係にあったので、江戸時代においても秀吉を祀る信仰行事は行われていたと考えられるが、意外とその証明は難しい。唯一、当社に残る豊臣秀吉像は、当社での「秀吉信仰」の具体例として貴重な作品である。その表具裏面の墨書から、寛政九年（一七九七）に秀吉二百回忌の本尊として、当社の妙覚院らが、画家「源瑛昌」に描かせたものであることが分かる。この点から見ても、知善院と同様に、長浜八幡宮でも秀吉の年忌法要が、定期的に行われていたことが類推できる。

　なお、長浜八幡宮の別当社坊であった妙覚院の庭園は、現在「旧汲月亭庭園」として保存されている。約八十七坪の小庭ながら、枯滝《かれたき》や枯流れを配し、小気味よい石組が印象的で、長浜を代表する名園として著名である。この庭園の作者は、秀吉の御咄衆として知られる曽呂利新左衛門であるという言い伝えがある。庭が作られた時期は、安土桃山時代でこの伝承と一応一致する。歴史学的には曽呂利新左衛門の実在が明確でない中、この伝承の実否を確かめることは、もちろん不可能であ

旧汲月庭園
もと長浜八幡宮の別当坊であった妙覚院の庭である。安土桃山時代の庭で、秀吉に仕えた曽呂利新左衛門の作との伝承がある。汲月亭とは、庭の北東にあった館の名前である。

る。しかし、このような秀吉ゆかりの伝承を生んだ背景にも、長浜八幡宮の「秀吉信仰」があったと考えてよいであろう。

曳山祭と「秀吉信仰」

一方、長浜八幡宮へ奉納される長浜曳山祭は、現在四月十五日を本日として行われているが、長浜における「秀吉信仰」の象徴として位置付けられる。江戸時代に成立し、数種伝来する曳山祭の『由緒書』によれば、男子が出生したのを喜んだ秀吉が、長浜城下の町人に砂金を振舞い、それをもとに十二基の曳山が建造されたという伝承が記されている。また、江戸時代の曳山祭は九月十五日を本日として行われていたが、それまで四月三日に行われていた祭礼を、この日に改めたのも秀吉によるという。

現在のような十二基の曳山が、長浜八幡宮の祭礼の中心となるのは、十八世紀に入ってからと考えられるので、上記の伝承はそのすべてを信じることはできない。しかし、祭日の変更など、秀吉によって長浜八幡宮の祭礼が大きく変化したことは事実であろう。それ

鳳凰山図　市立長浜城歴史博物館蔵（原田良策氏寄贈）
長浜曳山祭に曳き出される12基の曳山の一つで、魚屋町組の山。長浜の町絵師・山縣岐鳳が、19世紀前半に描いた木版画である。江戸時代の曳山祭の盛況を最もよく伝える。

にもまして、江戸時代の長浜では、この曳山祭の起源を、秀吉の男子出生と結びつけて語ってきたことは重要である。曳山祭は秀吉が始めたものという認識があり、「秀吉祭」として色彩を多少なりとも持っていたと言える。

　このことを証明するように、十二基の曳山の一つ萬歳楼《ばんざいろう》を持つ瀬田町組は、豊臣秀吉像を所有する。文化四年～文政七年（一八〇七～二四）の間に、長浜の町絵師・山縣岐鳳《やまがたぎほう》によって描かれた秀吉像で、曳山祭の際に長浜八幡宮から迎えた御幣を安置する「御幣宿」の床の間に、天台の学僧・豪恕《ごうじょ》の筆になる「萬歳楼」の軸と共に飾られる。二幅の軸の前には御幣が安置される。御幣を前にして床の間に飾られる秀吉像は、正しく「神になった秀吉」を表しており、曳山祭が「秀吉祭」である証の一つと言えよう。

長浜豊国社の成立

　長浜の豊国社は、慶長四年（一五九九）四月十八日の京都における豊国社の造営の影響を受けて創始された。それは、慶長五年八月十八日のことで、長浜八幡宮のお旅所内に一社を設け

33　豊臣秀吉像　萬歳楼瀬田町組蔵
曳山祭の際に、瀬田町組の御幣宿に飾られる秀吉像。
江戸後期に長浜で活躍した町絵師・山縣岐鳳の手による。
正に「神なった秀吉」を表している。

て、「豊国大明神」と称したという。勧請の日は、正しく秀吉三回忌の当日であった。この時に建造された豊国社の神像は、狩野永徳画の秀吉像をもとに彫刻したものと伝えている。さらに、長浜の町年寄は、大坂城へ長浜豊国社の創設を報告したところ、当時八歳の豊臣秀頼は神号を揮毫《きごう》し、当社に下賜したと言われる。これが、現在知善院に伝来する「豊国大明神」の神号に相当するのであろうか。

元和元年（一六一五）、徳川家康は大坂の陣で豊臣家を倒すと、京都の豊国社の破却を命じ、さらには「豊国大明神」の神号を剥奪《はくだつ》した。同時に、長浜の豊国社も彦根藩井伊家の意向により廃止に追い込まれたという。しかし、町年寄はその神霊を密かに守護、その筆頭吉川三左衛門宅に祀ったとされる。

長浜豊国社のその後

寛政四年（一七九二）に至り、町年寄の吉川三左衛門らは、お旅所にあった豊国社の旧社殿に、長浜八幡宮の境内から蛭子《えびす》神社を移転することを彦根藩に上申する。これは、秀吉の神像を祀るためのカモフラージュで、許可を得ると三間《さんげん》四方の社殿を造営し、八幡宮から移した蛭子神を前立として、吉川邸に祀っていた神像を奥殿に奉祭した。寛政七年（一七九五）からは、五月九日に秀吉への報恩の祭礼も行っていた。この祭礼日は、三百石の年貢免除を伝えた秀吉朱印状の日付に合わせたものであった。しかし、しばらくして端午《たんご》の節句に祭日を近づけるため、五月四日・五日に繰り上げ、寛政十年五月の祭日からは、紙製の子ども神輿

現在の長浜豊国神社
平成8年から、当社の秋祭は「豊公まつり」として、氏子以外の地域住民や観光客も参加して行われている。また、正月十日を中心に三日間、併せて祀られる長浜恵比須宮の十日戎で境内は賑う。

を繰り出すようになったという。

　弘化三年（一八四六）八月には、秀吉二百五十回忌にあたり、町人は「石燈籠」一対と「金燈籠」一対を神前に奉納した。「石燈籠」は、竿《さお》の裏面「弘化三丙午《ひのえうま》正月大吉辰日」と刻まれており、一基のみ長浜豊国神社の正面鳥居左側に現存する。「金燈籠」は、一対で長浜豊国神社に現存し、火袋《ひぶくろ》部分の透かしに「弘化三午八月　御神忌二百五十回　奉納長浜中」と文字が記されている。この「石燈籠」と「金燈籠」は、江戸時代に現在の豊国神社の前身となる社殿が、実際に存在したことを証明する物証と言え、きわめて貴重な作品である。

石燈籠　長浜豊国神社蔵
豊国神社の正面鳥居向かって左側に残る。竿の裏面に「弘化三年丙午正月大吉辰日」と刻まれており、秀吉の二百五十回忌に建造された石燈籠1対の内の1基と分かる。

　明治維新に至り、蛭子神社と一体となった秀吉社殿を、豊《みのり》神社と呼ぶようになる。豊国神社の略称であろう。明治九年には村社となり、明治十五年五月十七日より三日間にわたって、社格確定の祝祭を行っている。明治二十五年より、社地を現在地西にあたる北陸本線の線路際に移し、明治三十一年十月十七・十八・十九日の三日間に及び、秀吉没後三百年の祭礼を行っている。この時、社殿を造営すると共に、拝殿を修理し、能楽堂・倉庫などを新築している。当時の社殿は、線路を背に東向きであった。また、銅製鳥居や石燈籠三十基も新造、さらには神輿も新調した。大正元年に至り、豊公園へ

37　釣燈籠　長浜豊国神社蔵
石燈籠と同じく、弘化3年（1846）の秀吉二百五十回忌に、長浜町人が豊国神社の前身となる豊国社へ奉納したもの。1対で揃い、火袋の透かしに銘がある。

通じる道路が境内中央を貫通することになり、社地を少し東へずらし、社殿を南向きとした。これが、現在地である。大正九年、社号を豊国《ほうこく》神社と改名し現在に至っている。なお、大正十一年には県社へ昇格している。

町年寄の「秀吉信仰」

以上のように、長浜の江戸時代以来の「秀吉信仰」は、知善院と長浜八幡宮、それに豊国神社の前身に当る豊国社で営まれ、曳山祭も「秀吉祭」の色彩を色濃く持ち合わせていたことが確認できた。ところで、文久二年（一八六二）正月や同三年正月の『要用書』（吉川三左衛門家文書）の記事によると、長浜を治めた年寄たちの正月会合には、床に豊臣秀吉像を祀り、秀吉からの朱印状が入った朱印箱に鏡餅を備え、秀吉の恩に報いたことが記されている。また、長浜城の天守台に鎮座する「古城跡稲荷社」（現在の国守神社）は、江戸時代、三年寄によって守護されてきた。この神社は秀吉を祀るという明確な証拠はないが、その立地から「秀吉信仰」とは浅からぬ関係が想定できる。

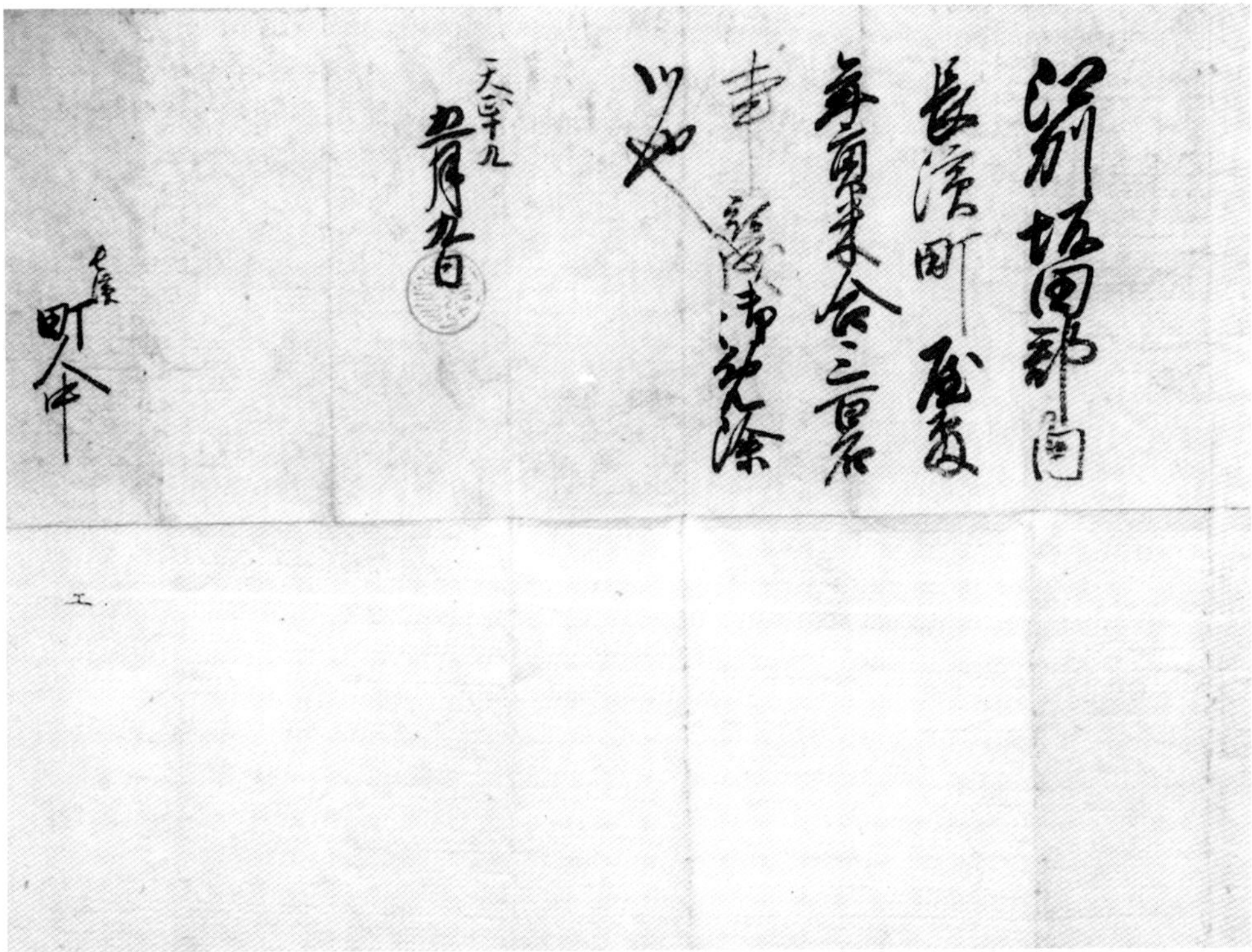

豊臣秀吉朱印状　下郷共済会蔵
天正19年（1591）5月9日付で、秀吉が300石の朱印地を長浜惣中宛に認めた文書。本書を含めた朱印状12通と共に朱印箱に収められ、町年寄の礼拝の対象とされた。

これらの点をみても、江戸時代における長浜町での「秀吉信仰」は、町年寄をまきこんでいた。さらに、秀吉への報恩の思いは町民全体に及び、「秀吉公」・「秀吉さん」と呼ぶ現在に至るまでも、その信仰は長浜市民に根強く息づいている。

長浜における古今を通じた「秀吉信仰」の背景には、起源を見定めることによる自己認識がある。秀吉を祀ることで、他の都市とは違う長浜を認識することが出来るのである。江戸時代には、それが彦根支配に対する「長浜の自治」の象徴として機能していたと推定できる。すなわち、秀吉は長浜の「都市としてのアイデンティティ」そのものと考えてよいであろう。

湖北の村々にも広がる「秀吉信仰」

他方、長浜町周辺部の湖北の村々にも「秀吉信仰」は広がっていた。高月町森本の豊国神社の例は後で詳述されるので、ここでは神照寺《じんしょうじ》（長浜市新庄寺町所在）の例について記しておく。

神照寺は真言宗智山《ちざん》派《は》の寺院で、寛《かん》平《びょう》七年（八九五）の開基と言われるが、生前の秀吉との関係も深い。天正六年

現在の神照寺

寛平７年（895）の創建といわれる、長浜市内では最も古い由緒を持つ寺。秀吉から朱印地を与えられ、その関係で秀吉画像や位牌が現存するとみられる。現在、市民には「萩の寺」として親しまれている。

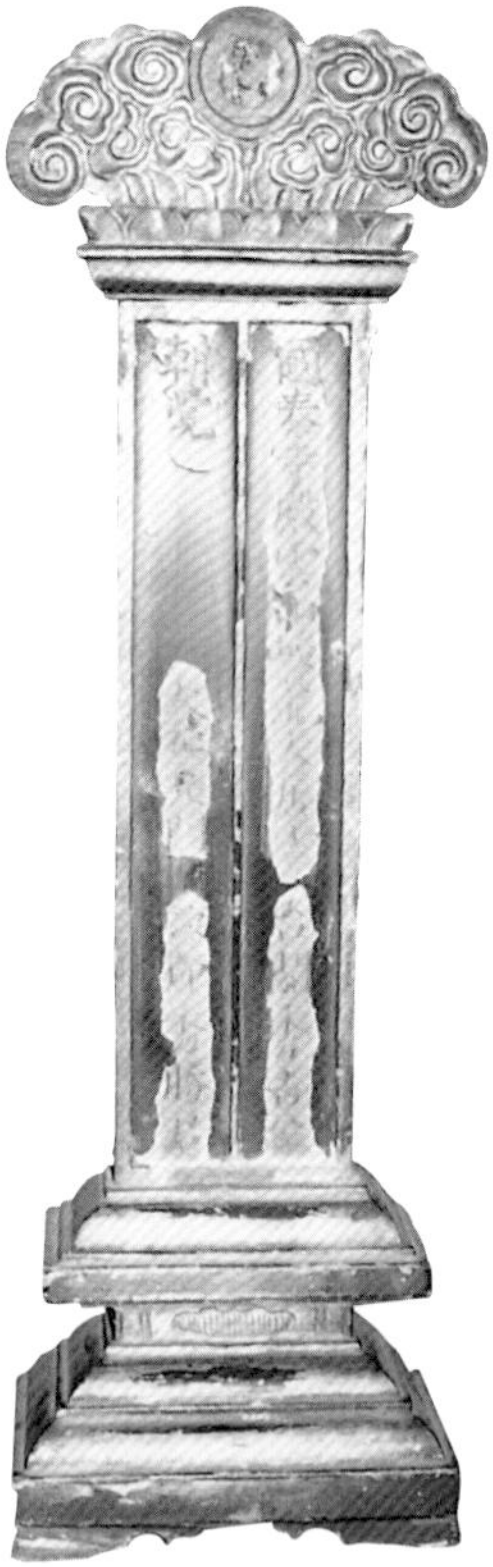

豊臣秀吉・朝覚位牌　徳勝寺蔵

浅井三代の菩提寺として知られる徳勝寺に伝来した位牌。向かって右側に「國泰寺殿雲山峻龍大居士　台閤秀吉公」、左側には「朝覚　大禅定門　次郎秀勝君」と記される。秀吉と妙法寺に葬られる「朝覚」（次頁以後参照）の法名を記す。

（一五七八）十二月十七日、羽柴秀吉は百石を当寺に寄進し、同十九年（一五九一）には、百五十石の寺領を安堵している。これが江戸時代の朱印地となり、同寺の寺領として確定した。また、天正十年（一五八二）十二月には、賤ヶ岳合戦を前にして、秀吉は当寺に対して禁制を発している。

　この寺にも、書表具《かきひょうぐ》による豊臣秀吉像が収蔵されている。寺伝によれば、文政四年（一八二一）に、当寺の本寺である智積院《ちしゃくいん》の管長の手によって描かれたものとされる。さらに、本堂には「大閤豊臣秀吉公　神儀」と刻まれた豊臣秀吉の位牌も祀られている。これらから、神照寺でも秀吉の年忌法要が定期的に行われていたと考えられよう。

　さらに類推を加えれば、湖北地域には秀吉から領地安堵を受けている寺社が複数存在するが、そこでも長浜八幡宮や神照寺同様に、秀吉の法要が行われていた可能性があるだろう。事実、浅井三代の菩提寺として知られる徳勝寺（長浜市平方町所在）にも、秀吉の位牌が現存する。湖北における「秀吉信仰」は、今後の調査次第では、より広がる可能性を秘めている。

伝羽柴秀勝墓の謎に迫る

太田　浩司

発掘された伝秀勝墓
平成15年度、長浜市教育委員会が発掘した妙法寺の羽柴秀勝墓。墓地の南側から、石囲い箱棺墓が発掘され、安土桃山時代の大名一族の墓と確認された。

伝羽柴秀勝墓の発掘

　平成十五年十二月一日、長浜市教育委員会の文化財室は、市制六十周年記念行事として取り組んできた長浜妙法寺（長浜市大宮町所在）の伝羽柴秀勝墓について、その発掘調査結果を公表した。羽柴秀勝は、夭折《ようせつ》した秀吉の実子という寺伝がある。平成十四年の秋、妙法寺の意向により、この墓の墓石と廟堂（鞘堂《さやどう》）が、本来の墓地から五十メートル程西にある本堂前へ移転された（十月十四日　遷座法要）。今回の発掘は、この墓石の移転が発端となった。

　長浜市教育委員会では、平成十四年の九月から十月にかけて墓石と廟堂が移動した跡地を発掘し、墓の一部と見られる土饅頭《どまんじゅう》（土の高まり）を検出していた。今回発表した平成十五年の調査では、その墓石下の土饅頭の発掘をまず行ったが、残念ながら埋葬施設を確認することはできなかった。この土饅頭は、廟堂（鞘堂）をともなう墓石の下から現れたもので、当初からこの下に埋葬施設があると考えられていたのである。

　ところが、そこで諦めなかったことが、今回の大発見につながる。教育委員会では周辺の発掘確認も行い、墓石が建っていた場所から約二・五メートル南、土中約五センチから、石囲いの埋葬施設（石囲い箱棺墓）を検出した。この埋葬施設は、一メートル四方の石囲いがなされ、石は動かないよう粘土で固定されていた。石囲いから下へ続く穴は、底部まで一メートル三十センチほどあり、上部の石囲いを除く側面は、粘土や砂泥・礫《こいし》などをつき固めて造られていた。穴の中からは木棺に使

現在の妙法寺
羽柴秀吉が、小谷城下から長浜町に移転させたという日蓮宗寺院。羽柴秀勝の廟所は、ここから東へ50メートル程行った場所にあったが、平成14年に本堂前に移転した。

用されたと思われる釘は見つかったものの、残念ながら棺や骨は確認されなかった。これは、石囲い施設に抉《こ》じ開けられた形跡があることから見て、近世の段階で盗掘にあった結果と考えられる。

今回、石囲いの埋葬施設が検出された場所は、地表面からはわずか約五センチと浅いが、墓が造られた当初は、この埋葬施設の上に、高さ一・五メートル程の土饅頭が築かれていたと考えられる。おそらく、移転した伝秀勝墓石と廟堂は、本来この発掘された南側の石囲い埋葬施設の上にあったものが、時代の変遷にともない旧地が忘れ去られ、前年確認された北側の土饅頭の上に置かれるようなったと考えられる。

発掘された墓の評価

この発掘調査にともない、コメントを求められた大阪樟蔭女子大学の佐久間貴士教授は、この石囲い埋葬施設を、安土桃山時代の大名一族の墓と結論している。それは、今回発掘された墓が、江戸時代の大名とその一族が葬られた「石槨《せっかく》箱棺墓」に類似しているからである。ただ、近世大名の墓が木棺全体を小石室で囲うのに対して、今回発掘された墓が、上部だけ石で囲ってある点を重視して、室町時代の「塚墓《つかぼ》」からは一歩進んだ形の「石囲い箱棺墓」と言うべきものと規定した。さらに長浜市教育委員会は、現存する秀勝墓石についても、越前一乗谷遺跡の石造物と比較し、秀勝が没したという天正時代（一五七三〜九二）の作であることを確認している。

この発表は広く関心を呼び、多くの新聞に記事が掲載された。そこでは、「秀吉の実子・秀勝　実在か？」・「豊臣秀吉の実子、墓の一部見つかる」などの「見出し」が目立つ。寺の伝承通り、夭折した秀吉の長男が実在したことが、この墓の発見で証明できたのか否かに話題が集中していた。ただ、一連の報道では、墓の主と「秀勝」の関係、それに秀吉実子についての情報などに、若干の混乱があるようである。ここでは、伝羽柴秀勝墓にまつわる史料や伝承を整理し直し、今回発見された墓が誰のものであるのか、冷静な目で考えてみたい。

移転した秀勝墓廟と墓石
秀勝の墓石は、笠塔婆の一種の題目塔婆と言われるもの。その形状から、安土桃山時代のものと確認された。当初塗られていた金箔や赤漆が今でも残るのは、初めから鞘堂に納められていた為と考えられる。

墓石と画像

そもそも、妙法寺は秀吉の命によって、浅井氏の小谷城下から移転した日蓮宗寺院である。天正四年（一五七六）十月十四日、秀吉の男子が夭折し、その子を葬った寺とされ、境内地の東奥に墓所が設けられていた。その墓所の奥、石組基壇の上に祀られた墓石は、鞘堂に覆われていた。墓石正面には、日蓮宗の髭《ひげ》題目の下に「朝覚《ちょうかく》霊位」と刻まれ、側面には向かって右に「天正四年」、向かって左に「十月十四日」と命日が刻まれている。この墓石が今回の調査にともなって、天正年間のものと確認されたこと、一昨年本堂前に移されたことは、先に述べた通りである。

また、妙法寺にはこの「朝覚」とされる童子像も伝来していた。この像の左には「本光院朝覚居士」、右には「天正四丙午暦十月十四日」と記され、上部には法華経の譬喩品《ひゆほん》と方便品《ほうべんぼん》の偈《げ》があったことが知られているが、昭和二十七年に起きた妙法寺の火災により焼失した。ここで最初に確認したいのは、この墓石に名前がある「朝覚」な

本光院朝覚居士像
寺伝では、羽柴秀勝像とされる妙法寺に伝わった童子の画像。「本光院朝覚居士」の法名が記され、上部には偈として法華経の一文が掲げられていた。昭和27年の火災により焼失し現存しない。

る人物が、この墓の主だということである。さらに、法名や命日が一致する画像に描かれた童子も、間違いなく埋葬されている人物、すなわち「朝覚」を描いたものである点である。

以下の論証では、「朝覚」が墓の主ということ以外、他の情報はリセットしてお読みいただきたい。「朝覚」にまつわる伝承、彼が秀吉の実子であるか、あるは「秀勝」と同一人物か、それに「石松丸」と言われる人物との関係、すべてを白紙に戻し、確実な史料から「朝覚」の周辺を検証していく。

「朝覚」夭折と寺領寄進

この「朝覚」夭折にあたっては、妙法寺はじめ長浜周辺のいくつかの寺院に、秀吉から供養領が寄進された形跡がある。まず、江戸時代に長浜での「秀吉信仰」の中核となる知善院（長浜市元浜町所在）である。天正四年十月二十二日、秀吉はこの寺へ「朝覚」の供養料として、伊香郡井口《いのくち》村（現在の高月町大字井口）の寺領三十石を寄進したと言われている。知善院には、その秀吉寄進状の写が伝来しているが、そこでは寄進の事実は確認できる

羽柴秀吉寄進状　徳勝寺蔵
浅井氏の菩提寺として知られる徳勝寺の前身寺院の一つ・医王寺に、秀吉が30石の寄進を行った文書。これは、夭折した「朝覚」の菩提を弔うためという。

ものの、「朝覚」のための寄進であったかは明示されていない。

浅井三代の菩提寺として知られる徳勝寺（長浜市平方町所在）にも、「朝覚」に関わる秀吉文書が伝わる。それは、天正四年十月十五日付けの寄進状で、長浜市指定文化財になっている。やはり、秀吉が医王寺に対して、知善院と同じく井口の地で寺領三十石を寄進したことが明記されている。医王寺は、小谷から坂田郡平方村に移った徳勝寺に合併された寺院で、坂田郡堀部村（現在の長浜市堀部町）にあったと推定される。ここでも、この寄進が「朝覚」のためであることは記述されていないが、彼が没した翌日付の寄進であることは、その夭折と何らかの関わりがあることを認めざるを得ない。

墓がある妙法寺にも、秀吉の寺領寄進状（長浜市指定文化財）が残る。ただ、その日付は前記の二寺院のものからは遅れ、天正十四年（一五八六）十二月八日付けである。没後、十年が経過していることになる。坂田郡南小足村（現在の長浜市南小足町）と北小足村（現在の長浜市新栄町の一部）で三十石を、妙法寺に寄進する内容である。この寄進も、寺伝では「朝覚」の菩提を弔うために秀吉から受けたものと説明するが、寄進状自体にはその目的は表記されていない。

これらの内、特に知善院と徳勝寺への寄進は、文書の日付からみて、天正四年十月十四日に没した秀吉の近親者があるとすれば、その供養領と解釈することは十分可能である。しかし繰り返すが、これらの文書には、それが「朝覚」の供養領だとは記されていない。ましてや、妙法寺に眠る「朝覚」が秀吉の実子であるかは、何も語らないのである。

秀吉の男子出生伝承

ただ、妙法寺に埋葬された人物が、秀吉の実子だという伝承は、比較的古くからあったようである。享保十九年（一七三四）に成立した、近江国の代表的な地誌である『近江輿地《よち》史略《しりゃく》』は、次のように記す。

妙法寺　長浜にあり、法華宗、京都妙顕寺の末寺也《なり》。相伝《あいつたう》古昔は浅井郡小谷長尾山にあり、後此地に移す、豊臣秀吉公の末子、次郎早逝《そうせい》す　則《すなわち》当

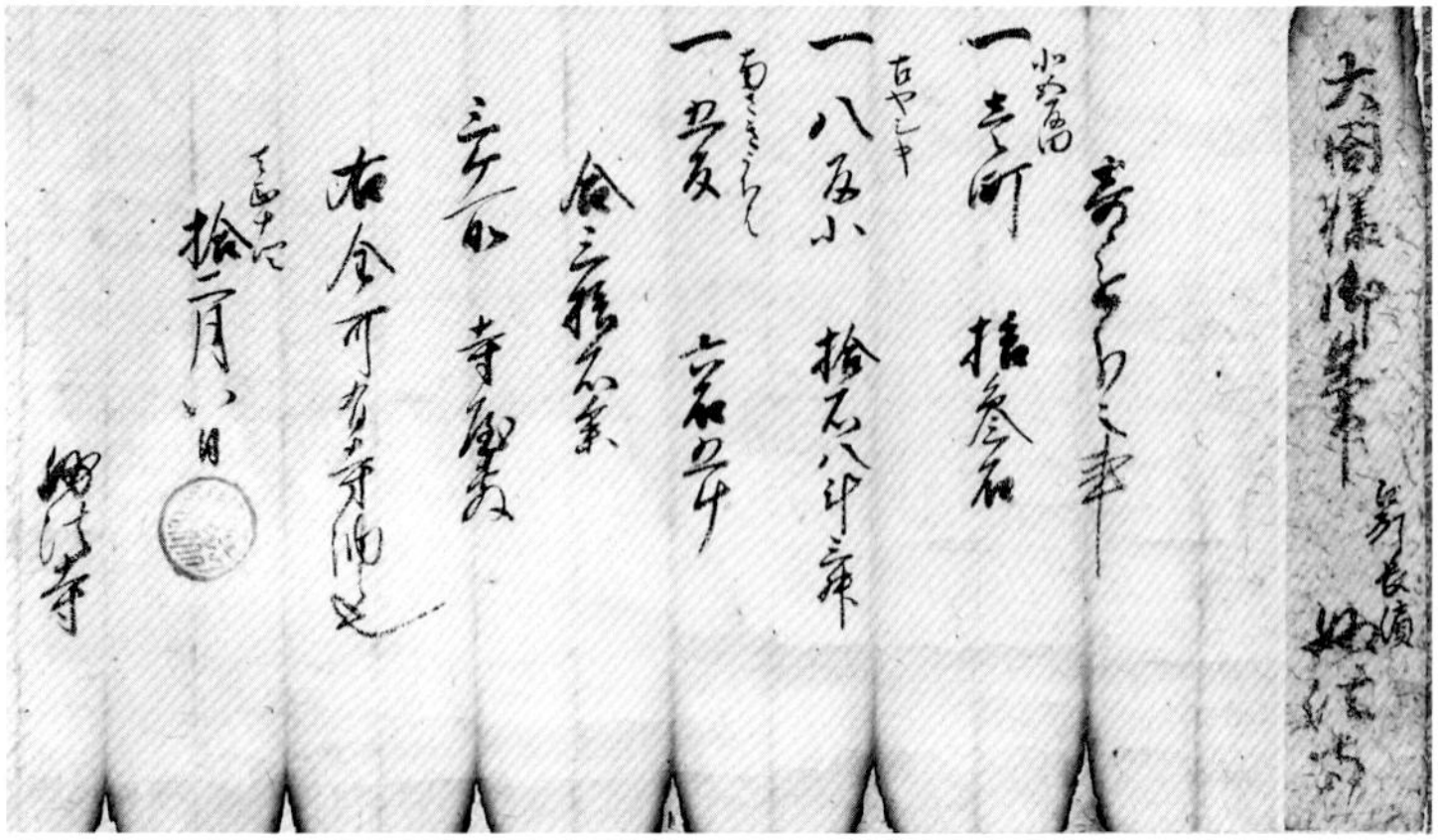

豊臣秀吉寄進状　妙法寺蔵
天下人になった秀吉から、妙法寺へ寺領30石を寄進した朱印状。昭和27年の大火により火がかかり、下部を中心に焦げが目立つ。

院に葬る、本光院朝覚居士と諡《おくりな》す、茲《これ》に因《より》て小足村の内にて三十石の寺領を賜はる、今に於《おい》て御朱印地也、

「豊臣秀吉の末子」は、大坂の陣で敗死した豊臣秀頼と考えられるから、この文章は歴史的には誤りをおかしている。その点は差し引くとして、「朝覚」を「次郎」と呼び、秀吉の男子であることを記述している。

これと関わるのが、長浜における曳山の起源に関する伝承である。長浜城主であった秀吉に男子が出生した。それを喜んだ秀吉が、町衆に砂金を振舞ったのを元手に建造されたのが、長浜曳山祭の十二基の山であるという言い伝えである。この伝承の起源は、現在のところ寛文六年（一六六六）の奥書がある『江州湖東八幡宮勧請《かんじょう》並《ならびに》祭礼之由来』まで遡れる。先の『近江輿地史略』の記述も勘案すると、江戸時代初期には、秀吉の男子出生伝承が成立していたと考えられる。

しかし、この話も秀吉時代の史料から跡付けることはできない。すでに秀吉没後五十年以上が経過し、「秀吉信仰」が成立する中で男子出生が語られても、それは伝承の域から出ないと考えるべきである。そこでは、人びとの秀吉への愛着と期待が介在し、一種の神話を形成する土壌が成立していたからである。ともかく、妙法寺に埋葬された「朝覚」が、秀吉の実子であるという伝承を裏付ける確実な史料は、今のところ見出しえないことを、再び確認しておこう。

「秀勝」は「朝覚」か

一方で、この「朝覚」の実名を「秀勝」と言ったとする伝承がある。この章の表題にも、「伝羽柴秀勝墓」という言葉を使い、いかにも「朝覚」と「秀勝」が同一人物のように記してきたが、これは現在通常使われている名称を、便宜的に使用したにすぎない。「朝覚」を「秀勝」と言ったかについては、確実な証拠がある訳ではない。先の『近江輿地史略』でも、「朝覚」を「次郎」とは記すが、「秀勝」とは記していない。この点からすると、江戸前期には、この伝承は成立していなかったのではないか。

先に「朝覚」に関わる寄進状があると記した徳勝寺には、「朝覚」の位牌

も現存する（一〇二ページ参照）。この位牌には、秀吉の法名と並んで「朝覚　大禅定門　次郎秀勝君」とあり、裏面には「天正四子年十月十四日」と命日も刻まれている。この位牌が製作された年代は特定できないが、江戸後期までは遡れるであろう。ここでは、「朝覚」＝「秀勝」という伝承が、すでに成立している。また、明治二十二年に出版された『近江農商工便覧』に載る妙法寺の図には、問題の墓所を「秀勝公御廟」と明記している。

これらから、少なくとも「朝覚」＝「秀勝」とする伝承は、江戸後期には定着していたと考えられよう。しかし、「朝覚」＝「秀勝」の事実は、秀吉の同時代史料からは、まったく確認出来ない。そもそも、画像のような元服前の童子に、「秀勝」という元服後の実名があったのかは、大いに疑問が残るところである。

三人いた秀勝

ただ、墓に眠る「朝覚」が秀吉の実子と仮定した場合、その子に実名があるとすれば「秀勝」であったとする推論は、それなりに説得性がある。秀吉は後世、「秀勝」と名乗る二人の養子を迎えているからである。

一人は、信長の四男の羽柴於次《おつぎ》秀勝。天正六年（一五七八）頃に秀吉の養子になったと見られており、中国攻めのため長浜に不在がちであった秀吉に代わって、長浜領内に安堵状や禁制を出している。秀吉との連署形式を含めれば、湖北には計十点の文書が存在したことが分かっている。本能寺の変後、天正十年（一五八二）に大徳寺で行われた織田信長の葬儀では、その位牌を持って参列し、喪主をつとめたことは有名である。同年には丹波亀山城主になっているが、天正十三年に十八歳で病没した。

もう一人の秀勝は、秀吉の姉とも（瑞竜院日秀）の次男にあたる豊臣小《こ》吉《きち》秀勝である。後に関白となる豊臣秀次の弟に当る。於次秀勝の領地を引き継ぎ、丹波亀山城主となった。秀吉の九州攻めなどに従軍したが、文禄の役で朝鮮に渡り、唐島（巨済島《きょさいとう》）で戦病死した。彼も、二十四歳の若さで亡くなっている。

このように、秀吉は次々と迎えた養子二人に、「秀勝」と同じ名前を与えた。「秀勝」という名前に、秀吉が相当執着していたことが分かる。さらに、最初の秀勝は「於次」と称したが、これは「二代目の秀勝」の意味であろう。それ以前に「初代の秀勝」がいたと考えるのが自然であろう。その秀勝が実子でありながら夭折したため、その思い出を込めて二人の養子に「秀勝」の名をつけたという解釈は、十分成立するものである。

ただ、それでも妙法寺の墓に葬られた「朝覚」が、「秀勝」と言ったという証明はまったく出来ない。その蓋然《がいぜん》性は否定できないが、当時の記録に、たとえば墓石や画像自体に、その名が記されていない限り、「朝覚」が「秀勝」であると言い切ることはできないのである。その「朝覚」＝「秀勝」伝承の成立が、江戸後期を遡らないとすれば、後世の人びとが以上の理由から、秀吉の実子であれば「秀勝」と名乗ったに違いないと考え、「朝覚」と同一視したとみるべきであろう。

「石松丸」は「朝覚」か

もう一つ、この墓の主を「石松丸」とする説がある。これは、「竹生島宝《ほう》

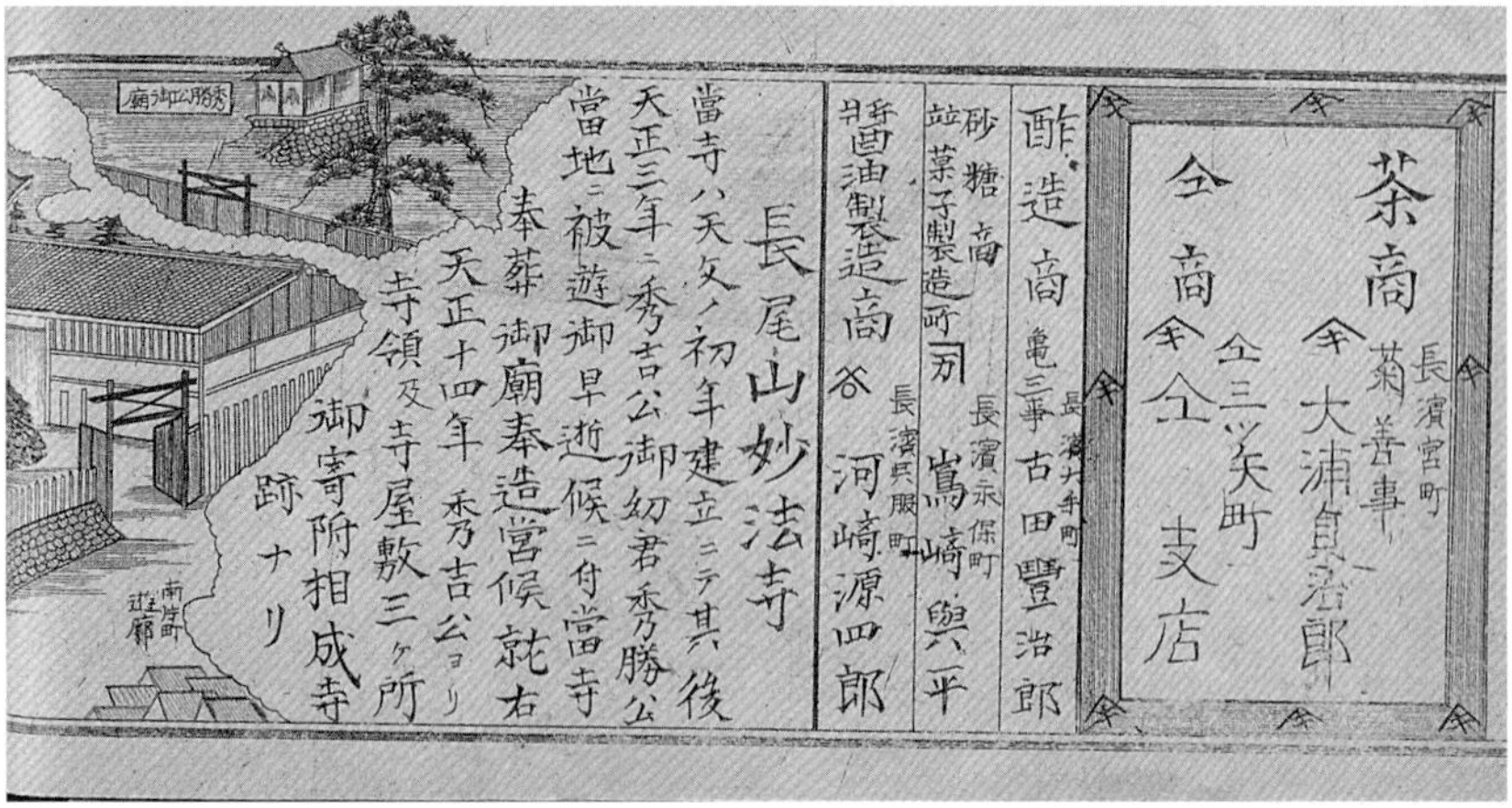

明治時代の妙法寺

明治22年に発刊された『近江農商工便覧』に掲載された妙法寺の図。現状では同寺を描いた最も古い図と考えられる。秀勝の廟堂は、奥行二間あり、現状の一間とは相違する。

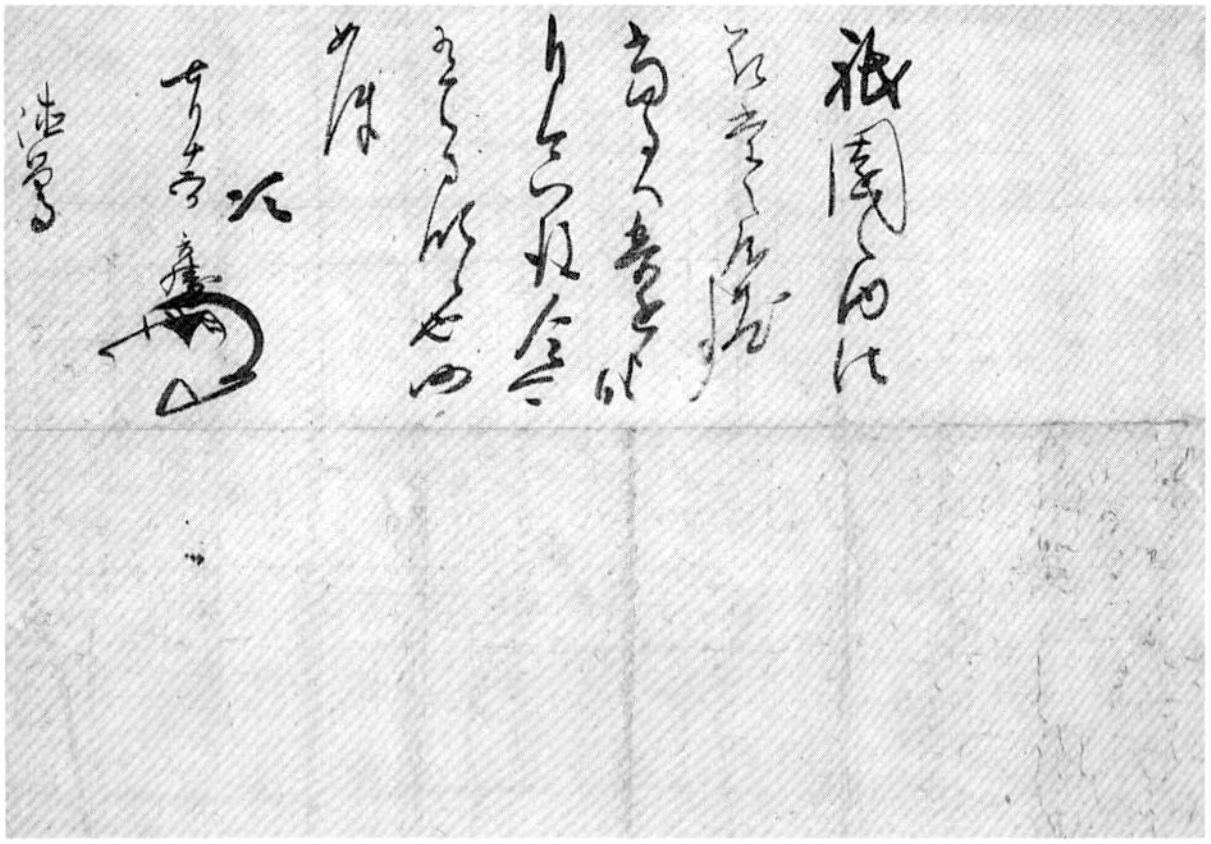

羽柴秀勝寄進状　徳勝寺蔵

秀吉が養子に迎えた「於次秀勝」が出した、徳勝寺への寺領安堵状である。彼は中国攻めで不在な秀吉に代わり、長浜城代としての役目を果たしていた。長浜市指定文化財。

厳寺《ごんじ》文書」に収められた『竹生島奉加帳』に載る「石松丸」が、秀吉の夭折した男子だと推定したもので、戦前から秀吉研究を継続し、その第一人者と目されてきた桑田忠親《ただちか》氏らが説くものである。『竹生島奉加帳』は、秀吉自身をはじめ、長浜城主秀吉の家族や家来が、観音霊場・弁才天信仰の島として知られる竹生島に、金品を奉納した記録である。その年代は、天正四年四月を最初に、天正十六年にまで及んでいるが、そのほとんどは秀吉の長浜城主時代の寄進記録とみなしてよいであろう。

この奉加帳は折本の形状をしており、冒頭に秀吉による百石の寄進を記した後、北政所（秀吉夫人おね）や大政所（秀吉生母なか）など秀吉家族の寄進記録が、上下二段に分かれて記されている。その中で、上段三番目に「石松丸」の名が見え「御ちの人」との注記がある。「御ちの人」は、「御乳の人」で幼児を指すのであろう。さらに上段五番目には「南殿」の記述ある。桑田忠親氏は、この「南殿」「石松丸」が秀吉の実子であり、「南殿」が秀吉の側室で、この「石松丸」の生母ではないか

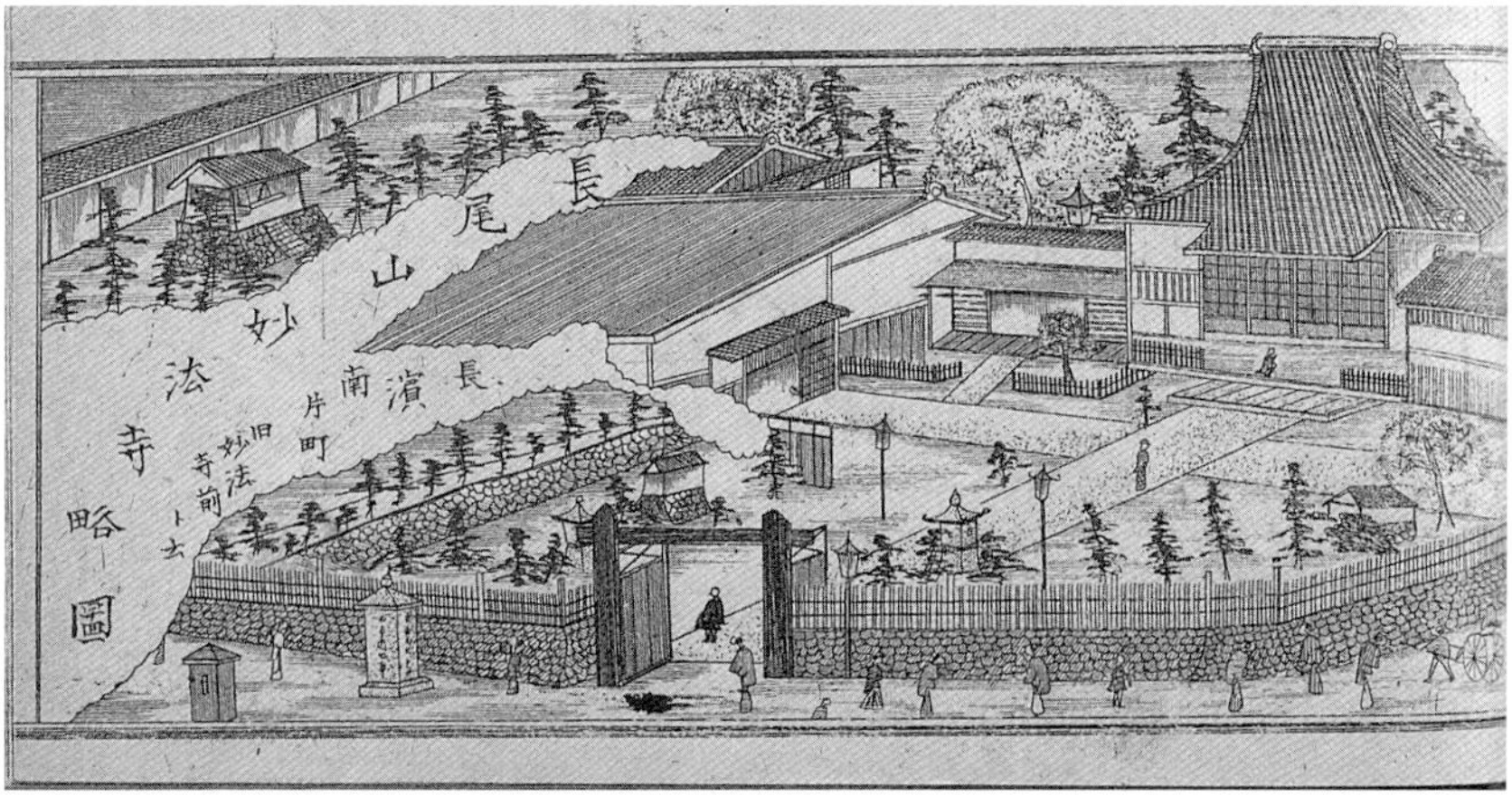

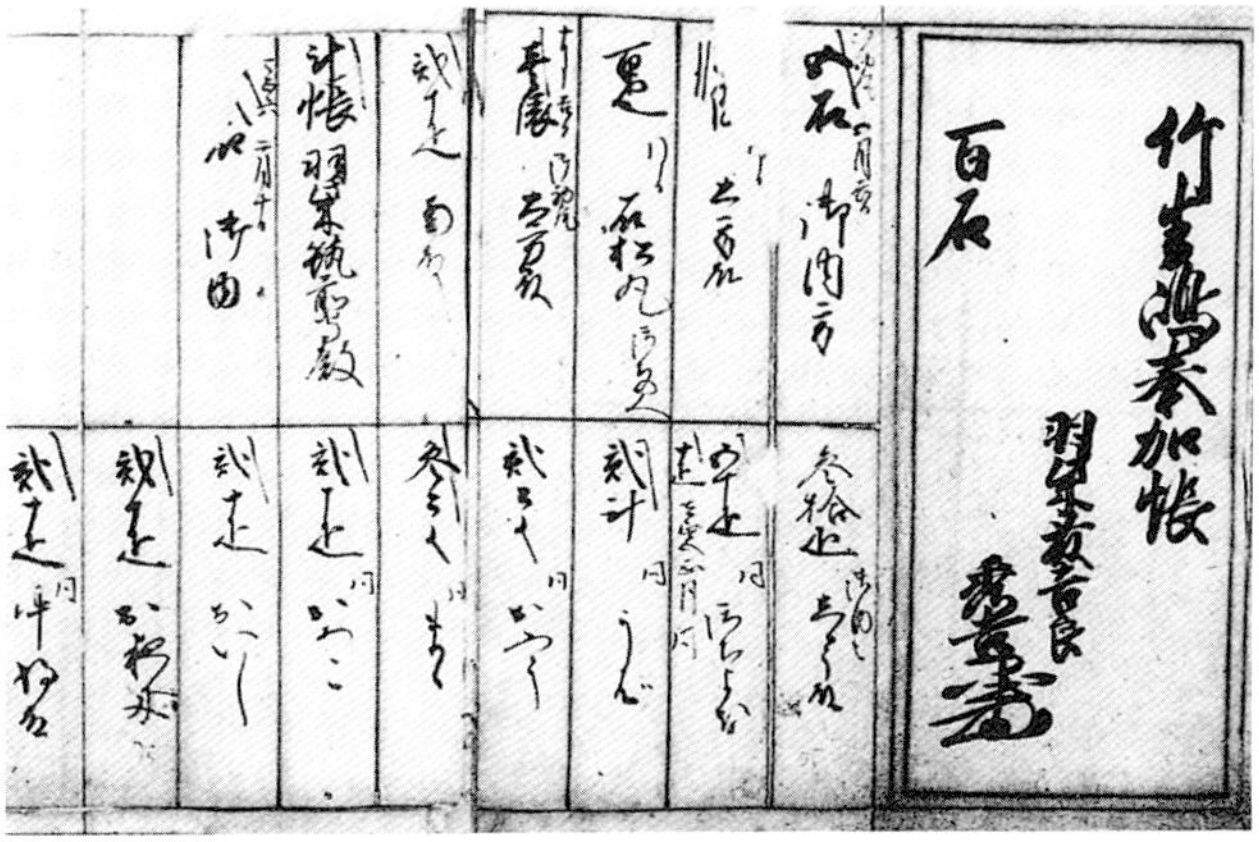

竹生島奉加帳　竹生島宝厳寺蔵
長浜城主であった秀吉とその一族・家臣が、竹生島に金品を奉納した記録である。冒頭に「石松丸」や「南殿」の記帳があり、秀吉実子との関連も指摘される。

と類推したのである。

確かに「石松丸」は、この奉加帳の中で、秀吉の家族と思われる位置に記されており、その実子であったとしても不自然ではない。しかし、「南殿」がその生母というのは、まったくのツジツマ合せで、秀吉研究の第一人者に失礼であるが、歴史学の論証としては成立しない。「石松丸」と「南殿」は、共に秀吉の近親者という以外、この奉加帳は何も語らないのである。さらに、この奉加帳は「石松丸」が、秀吉の如何なる近親者であるかも一切語らない。ましてや、「朝覚」と同一人物であるか否かは、まったく証明しようがないというのが実情である。

墓の主は秀吉一族

以上、きわめて複雑な検証を繰り返したので、ここでもう一回まとめておこう。今回発見された「石囲い箱棺墓」の埋葬者は「朝覚」で、それは妙法寺に伝来した画像の童子とイコールである。この「朝覚」については、長浜周辺の寺院へ供養領の寄進の伝承がいくつか伝わる。しかし、この童子が秀吉の実子である確証はなく、さらに「秀勝」、あるいは「石松丸」と言ったかについても証明できない。最初に触れたマスコミの興味に引き付けて言えば、この墓の主が秀吉の実子であったかについては、今のところ肯定する要素もなければ、否定する要素もないのである。

ただ、今回の発掘は「朝覚」なる人物が、大名一族であったことを証明した。それも、埋葬施設の形状などから、秀吉の長浜城主時代の遺跡であることも確認できた。この時代、長浜に葬られた大名一族と言えば、秀吉の一族しか歴史的には考えられない。したがって、今回の発掘によって、「朝覚」は秀吉一族の童子であることは確実となった訳である。秀吉の長浜城主時代に、夭折した秀吉一族の男子がおり、妙法寺に丁重に葬られた。さまざまな伝承や推論を排除して、今回の発掘調査の成果を一口で言えば、こういうことになろう。これは織豊期（織田豊臣時代）の研究において、画期的な考古学上の大発見と言えると思う。新聞が大きく取り上げたのは当然であった。

「朝覚」をめぐる系図

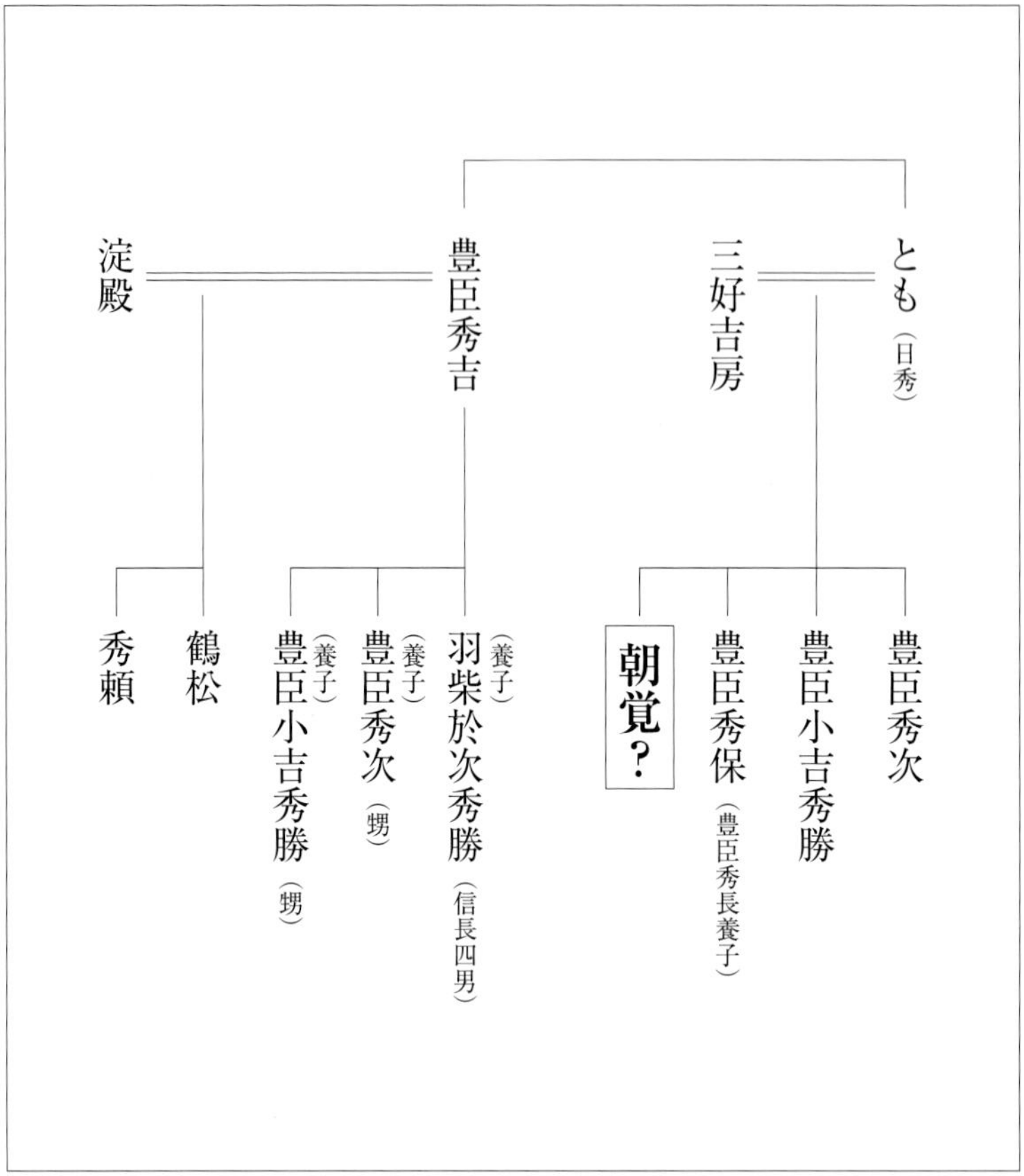

墓の主は秀吉の甥か

墓の主、すなわち「朝覚」が秀吉一族と分かり、それとは別に長浜で秀吉男子出生の伝承があれば、いくら慎重な歴史学においても、秀吉実子の墓と認めてよいと思われるかもしれない。しかし、それでも私が躊躇《ちゅうちょ》するのは、戦前の中世史の権威として知られる渡辺世祐《よすけ》氏の著作『豊太閤の私的生活』

現在の瑞龍寺
京都の洛北にあった瑞龍寺は、現在近江八幡市の八幡城跡に移転している。秀吉の姉である日秀が、その子・秀次の菩提を弔うため建立した寺院である。

（昭和十四年刊）に、次の記載があるからである。

妙法寺は太閤の姉日秀の開基である京都の瑞龍寺から今日に至る迄常に参詣もし、本来の関係を持続して居る様である点から考へれば、本光院朝覚居士は或《あるい》は日秀の子であって、秀次などと兄弟であって、早くから太閤の養子となったのではあるまいかとも考へられる。

すなわち、「朝覚」は秀吉の姉日秀（とも）の子で、秀次や小吉秀勝の兄弟ではないかと言うのである。つまり、秀吉の甥に当る。瑞龍寺は京都村雲《むらくも》にあった日蓮宗唯一の尼門跡寺院である。その場所は、現在の京都市上京区竪《たて》門前町に当る。文禄五年（一五九六）、日秀が前年に高野山で自害した子息・秀次の追善のため建立した寺院として知られる。寺号は後陽成《ごようぜい》天皇からの下賜で、この時には寺領一千石も与えられたという。明治維新後は衰微したが、昭和三十六年、秀次が城主をつとめた近江八幡城の旧地に移転した。すなわち、滋賀県近江八幡市の八幡山々頂である。

「豊国大明神」と神になった秀吉であるが、その若年期から青年期に如何なる宗教を信仰していたかは明確ではない。少なくとも、日蓮宗と秀吉に密接な関係があった様子はうかがい知れない。夭折した童子を葬るのに、わざわざ湖北では珍しい日蓮宗寺院を選んでいる事実は、姉日秀の日蓮宗信仰と関連づけて考えざるを得ないであろう。夭折した男子が、秀吉の姉・日秀の子であったと考えることは、現在において最も合理的な推論と考える。渡辺氏は「朝覚」が兄弟の秀次や小吉秀勝のように、秀吉の養子になっていたとするが、丁重な葬り方をみれば、その可能性も否定できない。

発掘された伝羽柴秀勝墓に眠る秀吉一族は、秀吉の実子であるのか、それとも秀吉の姉の子であるのか、はたまた別の一族であるのか。墓の主をめぐる謎解きは、まだ終わった訳ではない。そして、この墓をめぐって、これだけの伝承が成立するのは、正しく秀吉に関わることだからであり、これも「秀吉信仰」の一形態として評価しなければならない。

秀吉と長浜曳山祭

秀平 文忠

戦前の長浜曳山祭
当時は12基すべての曳山が祭に出場していた。

長浜《ながはま》曳山祭《ひきやままつり》

長浜の春の風物詩、「長浜曳山祭」。全国的にも知られたこの祭りの成立には、長浜城初代城主の羽柴秀吉が大きく関わっている。

長浜曳山祭は、長浜八幡宮《ながはまはちまんぐう》（長浜市宮前町）の春の例祭で、祭りに「曳山《ひきやま》」が登場することから、曳山祭と称される。毎年四月九日から四月十七日にかけて開催され、十五日に本日《ほんび》を迎える。数多くの行事が執り行われ、中でも長浜八幡宮から御旅所《おたびしょ》にかけての旧長浜町中心市街地の随所において、「子供狂言」が演じられ、観光客や地元住民によってにぎわいを見せている。

この祭りの特色は、次の五点があげられよう。

①四〇〇年の歴史

祭の起源は四〇〇年前にさかのぼり、その成立には秀吉が関わっているとされる。

②絢爛豪華な曳山

十三基の山車《だし》「曳山」のうち、長刀山《なぎなたやま》を除く十二基は、台車の上に舞台と楽屋を備えた移動舞台形式なのが特色。いずれもがきらびやかな漆塗りと漆箔《しっぱく》、錺金具《かざりかなぐ》、幕類で彩られている。昭和六〇年（一九八五）に滋賀県指定有形民俗文化財に指定されている。

③可憐な子供狂言《こどもきょうげん》

舞台をもつ十二基の曳山は、毎年四基ずつが交替で祭りに出場し、小学生男児が曳山上で「子供狂言」（歌舞伎）を演じ、長浜八幡宮に奉納する。この子供狂言にも二五〇年に及ぶ歴史がある。

④多彩な行事と厳格な作法

祭りには長期にわたって多彩な行

子供狂言と長浜八幡宮のにぎわい（戦前）

事があり、その次第は「祭典申合規約《さいてんもうしあわせきやく》」というマニュアルにまとめられ、特に行事を円滑に進めるための「挨拶」と時間励行が重視されている。一連の行事は、昭和五十四年（一九七九）に国指定重要無形民俗文化財に指定されている。

⑤複雑な運営組織

祭りは、八幡宮の氏子《うじこ》である旧長浜町と、周辺地域の「七郷《しちごう》」の人びとによって運営される。氏子の中でも、曳山を持つ十三の「山組《やまぐみ》」は、各町とも年長者の「中老《ちゅうろう》」と、青年層の「若衆《わかいしゅう》」という男性で構成され、祭りの中心的な役割を担っている。

祭りは、江戸時代以来、商業都市長浜の経済力と、八幡宮への信仰心、そして自町に対する自尊心が相まって、他町との競い合いの中で発展・洗練されてきた。そして、山組を基盤とする人びとの密接で重層的なつながりは、現在もなお、長浜の町づくりに活かされている。

羽柴秀吉の開基伝承

長浜八幡宮は、社伝によれば、延久元年（一〇六九）、源義家《みなもとのよしいえ》が後三条《ごさんじょう》天皇に願って石清水八幡宮（京都府八幡市）から勧請《かんじょう》してきたという。その後、八幡宮は戦国時代末期にかけて衰微し、元亀三年（一五七二）の兵火によって荒廃したが、その絶えつつあった祭礼を復興したのが羽柴秀吉である。

長浜曳山祭の起源については、江戸時代前期の二つの史料が残されている。

①川畑宗賢『江州湖東八幡宮并《なら》びニ祭礼ノ由来』（寛文六年・一六六六、滋賀県立図書館蔵）

「元亀《げんき》ノ兵乱に付、当社衰へ祭礼モ絶々ニ相成有之所《あいなりこれあるところ》、秀吉公御達城ノ砌《みぎり》、深ク悲歎アラセラレ、清和《せいわ》天皇貞観元年（八五九）九月十五日、豊前国宇佐《うさ》宮ヨリ男山《おとこやま》ヘウツシ奉リ、其例ニ准ジ、九月十五日ニ祭日ヲ御改定、一家中不残《のこらず》社参アリ、其時秀吉公、昔時義家《よしいえ》公御凱陣《がいじん》思出ラレ、神木ヲモツテ八尺ノ太刀ヲ作ラセラレ、青竹ニ弓ノ弦ヲモツテ結付、幣《へい》ヲ添エ、是ヲ弓ニテ鎧武者ニ荷セ、旗《はた》ニ乳《ちち》ヲツケ幟《のぼり》ニナシ、尊位ニノボラント御祝賀ナサレ、数十本押立、

「太刀渡り」の行列（戦前）

異儀正シクシテ社参アリ、神前ニテ凱歌《がいか》ヲ與ラレ、幣帛《へいはく》ヲ捧ゲタモウ、則《すなわち》妙覚院《みょうがくいん》御休息アリ、其後太刀ヲ十人へ拝領シ、夫《それ》ヨリ已来《いらい》累年祭礼ニ、仲間衆出勤シ、高禄《こうろく》ノ行粧《ぎょうそう》ニテ建物引馬ニテ、美々《びび》シク御祭礼相続アリ、其頃追々町々ヨリ思イ思イ歩行渡《かちわたり》、又ハ曳山イヤマシ《弥増》ニナリ、渡ノ次第ハ南ヲ頭トシテ南ヨリ北へト、宮町《みやまち》ヨリ御堂前《みどうまえ》、瀬田《せた》町ヨリ神戸《ごうど》、伊部《いべ》ト相渡ル」

これによれば、元亀の兵乱で長浜八幡宮が荒廃し、祭りも絶え絶えになっていたが、秀吉が築城の際に悲嘆して、宇佐八幡宮から石清水八幡宮に勧請した九月十五日に準じて祭礼の期日を改定し、かつての源義家の凱旋を思い出して、武者行列「太刀渡《たちわた》り」を始めた。その後、太刀渡りは町衆に受け継がれ、やがて町々で思い思いの「歩行渡り」や曳山が参加するようになった。

太刀渡りは現在も執り行われているが、この武者行列こそが長浜曳山祭の原型で、それは秀吉の発案によるものだったと記されているのである。

②宝蔵院諦證《ほうぞういんていしょう》『江州湖東八幡宮勧請并《なら》びに祭礼の由来』（寛文六年、柴田平三家文書）

①の史料とほぼ同じ内容だが、天正十九年（一五九一）に秀吉が町屋敷年貢米三〇〇石免除の朱印状を下付した記事に続いて、以下の部分が付け加わる。

「其比《そのころ》町々より思い思いの歩行渡りアリ、其後若様御誕生ニ付、町々へ砂金頂戴ス、是ヲ基トシテ曳山造営の志願ヲ発ス」

これによれば、当時、各町から思い思いの歩行渡りの行列があったが、その後、秀吉の男子誕生につき、町々に砂金が振る舞われた。町衆はこれをもとに曳山を造営した。

この一節が、現在長浜で流布している曳山祭の成立伝承のもととなっている。

記述順のとおりであれば、この男子誕生は天正十九年以降のことで、淀殿との間に生まれた棄丸《すてまる》か拾丸《ひろまる》（秀頼）と考えられる。付箋には棄丸との記載があることから、寛文年間当時は棄丸と解釈していたようである。

この当時つくられた曳山が必ずしも現在のものと同様の姿をしていたとは

現在の子供狂言
猩々丸舟町組、平成15年（2003）
外題は『絵本太功記』十段目。

限らないが、いずれにしてもその成立は秀吉の経済的支援のおかげと、長浜の町衆は考えていたようである。

　秀吉が、実際に長浜城主だったのは、天正二年（一五七四）の長浜城築城開始から、天正十年（一五八二）に山崎へ移るまでのわずか九年ほどの間にすぎない。にもかかわらず、これほどの影響力をもっていたのは、なぜか。

　秀吉は在城当時、長浜城築城とともに城下町のプランを策定し、小谷《おだに》城から職人街を移転して、のちに商業都市として発展する基盤をつくりあげた。さらには、総持寺《そうじじ》や長浜八幡宮、知善《ちぜん》院《いん》や神照寺《じんしょうじ》・舎那院《しゃないん》など、長浜の主だった寺社を次々と復興している。今浜から長浜へと町名を改定したのも秀吉であり、事実上、秀吉が長浜開町の祖と言っても過言ではない。

　そして長浜を離れたあとも、長浜の町衆に対して、町屋敷年貢米《まちやしきねんぐまい》三〇〇石免除や諸役《しょやく》免除の特権を与え、経済活性化のために町内の商人の負担を軽減した。この特例措置は江戸時代の間、彦根藩井伊家の支配下においても維持され、長浜の商業都市としての発展に大きく寄与した。

　これらの施策に長浜の町衆は具体的に恩恵を受けて経済力を付け、現支配者への抵抗感とあいまって、ますます秀吉思慕へとつながっていったのだろう。秀吉開基が史実かどうかはともかく、その経済的な恩恵が「砂金」の伝承に仮託されたとも考えられよう。その思いは、秀吉発案の太刀渡りを今に伝え、支援を受け発展した曳山とともに連綿と現代に伝わっている。

長浜曳山祭の子供狂言

　長浜曳山祭の行事で、もっともよく知られているのは、子供狂言であろう。現在は、長刀山をのぞく十二の山組のうち、毎年四基ずつが祭りに出場し、曳山の舞台上で子供狂言を演じて長浜八幡宮に奉納している。

　長浜では歌舞伎ではなく狂言と呼ぶが、神事芸能として神社に奉納することが主眼であることからそう呼ばれたとも、江戸時代の風俗粛正令で歌舞伎が禁じられたため、狂言であることとしてその禁制をかわそうとしたともいわれるが、呼称の理由は定かではない。

　寛保二年（一七四二）の本教《ほんぎょう》（台本）や、明和六年（一七六九）以降の曳山

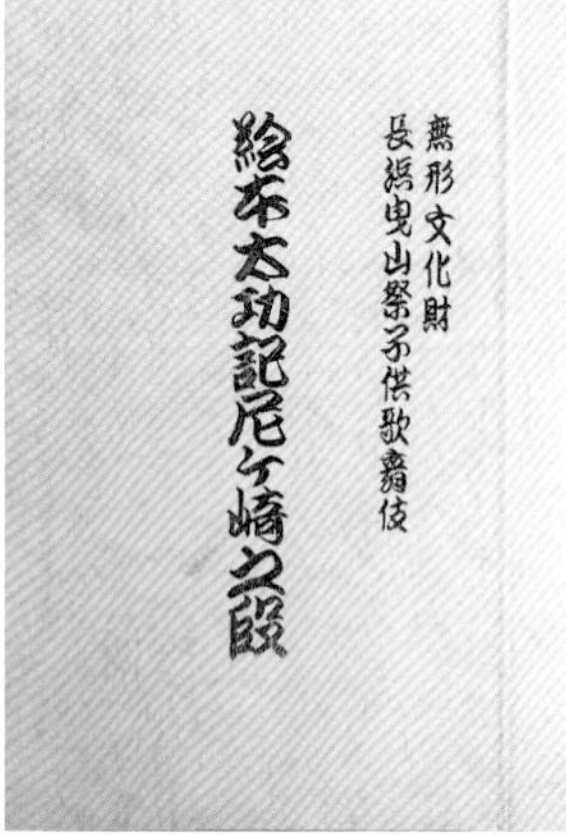

曳山狂言台本　絵本太功記　十段目
月宮殿田町組蔵、昭和44年（1969）

狂言の外題《げだい》記録（外題は演目のこと）が残っていることから、少なくともこの頃には、子供狂言が行われていたことがわかる。また、現存最古の曳山・高砂山《たかさござん》が延享二年（一七四五）以前の成立、二番目に古い青海山《せいかいざん》が宝暦五年（一七五五）の成立であり、これらがすでに舞台と楽屋を備えていることからも裏付けられる。

内容的には、一般的な本歌舞伎の演目を、曳山上の四畳半舞台の広さに合わせ、なおかつ小学生の男児が演じられるようにアレンジしている。祭礼の変遷を詳細に記録した史料である元文三年（一七三八）の『長浜古記《ながはまこき》』（中井純一郎家文書）によれば、当時、四・五歳から十三・四歳の男子が役者を務めていたことが知られる。

子供狂言と『太閤記』

子供狂言にかかる外題としては、秀吉にちなむ『絵本太功記《えほんたいこうき》十段目・尼ケ《あまが》崎《さき》』は、特に人気がある。

戦後、子供狂言は昭和二十五年（一九五〇）から平成十五年（二〇〇三）まで、のべ二一〇回上演されているが、この外題は『仮名手本忠臣蔵七段目・一力茶屋』『一谷嫩軍記《いちのたにふたばぐんき》三段目・熊谷陣屋』と並んで、歴代同率一位（十一回）の上演回数である。

絵本太功記は、秀吉の一代記『絵本《えほん》太閤記《たいこうき》』などをもとにして脚色された浄瑠璃《じょうるり》本である。絵本太閤記は、秀吉二百回忌の寛政九年（一七九七）に出版された読本で、史実よりも伝説的な秀吉の出世譚を重視したもので、当時のベストセラーだった。

絵本太功記は、それを浄瑠璃化したもので、作者は近松柳《ちかまつやなぎ》・近松湖水軒《こすいけん》・近松千葉軒《せんようけん》による合作。寛政十一年（一七九九）に初演され、興行的にも大成功を収め、第二次太閤記ブームの一翼を担った。

内容としては、秀吉もさることながらむしろ明智光秀にスポットを当てている。本能寺の変を挟んだ天正十年（一五八二）六月一日から十三日までを、それぞれ一段目から十三段目としているのが特色。中でも、十段目の「尼ケ崎庵室《あまがさきあんじつ》の場」は人形浄瑠璃や本歌舞伎でも繰り返し上演されていて、太功記十段目を略して「太十《たいじゅう》」と呼ばれ親しまれている。

息子武智光秀《たけちみつひで》（明智光秀）の謀反を

武智光秀

真柴久吉

悲しんだ母皐月《さつき》は、尼ヶ崎で閑居していたが、そこへ旅僧姿の真柴久吉《ましばひさよし》（羽柴秀吉）が逃げ込んでくる。それを追う光秀は、久吉を竹槍で突くが、誤って久吉をかばう皐月を刺してしまう。瀕死の皐月は主君を殺した天罰と光秀を責め、改心を迫るが、光秀は聞き届けない。そこに戦で重傷を負った息子十次郎が帰還するが、目の前で事切れる。ここに至って、光秀は家庭崩壊の悲劇を省みて、家族愛を取り戻すのである。

ここには、やむなく反逆者となり、家族からさえも孤立してしまった光秀の孤独感と、意地でも戦い続けなければならない苦悩が描かれている。一方の久吉は、光秀を追いつめたところで、皐月の意を汲んでか、包囲網を解き、あらためて天王山《てんのうざん》で勝負を決しようと持ちかけ、その場は分かれていく。二人の間には、主君を殺された仇討ちという単純な構図とは異なった、お互いを認め合う好敵手としての関係が付加されている。

秀吉を開町の恩人と仰ぐ長浜においても、秀吉の出番が少なく、しかも主役の光秀にとっては敵役となるにもかかわらず、この「尼ヶ崎」は重ねて演

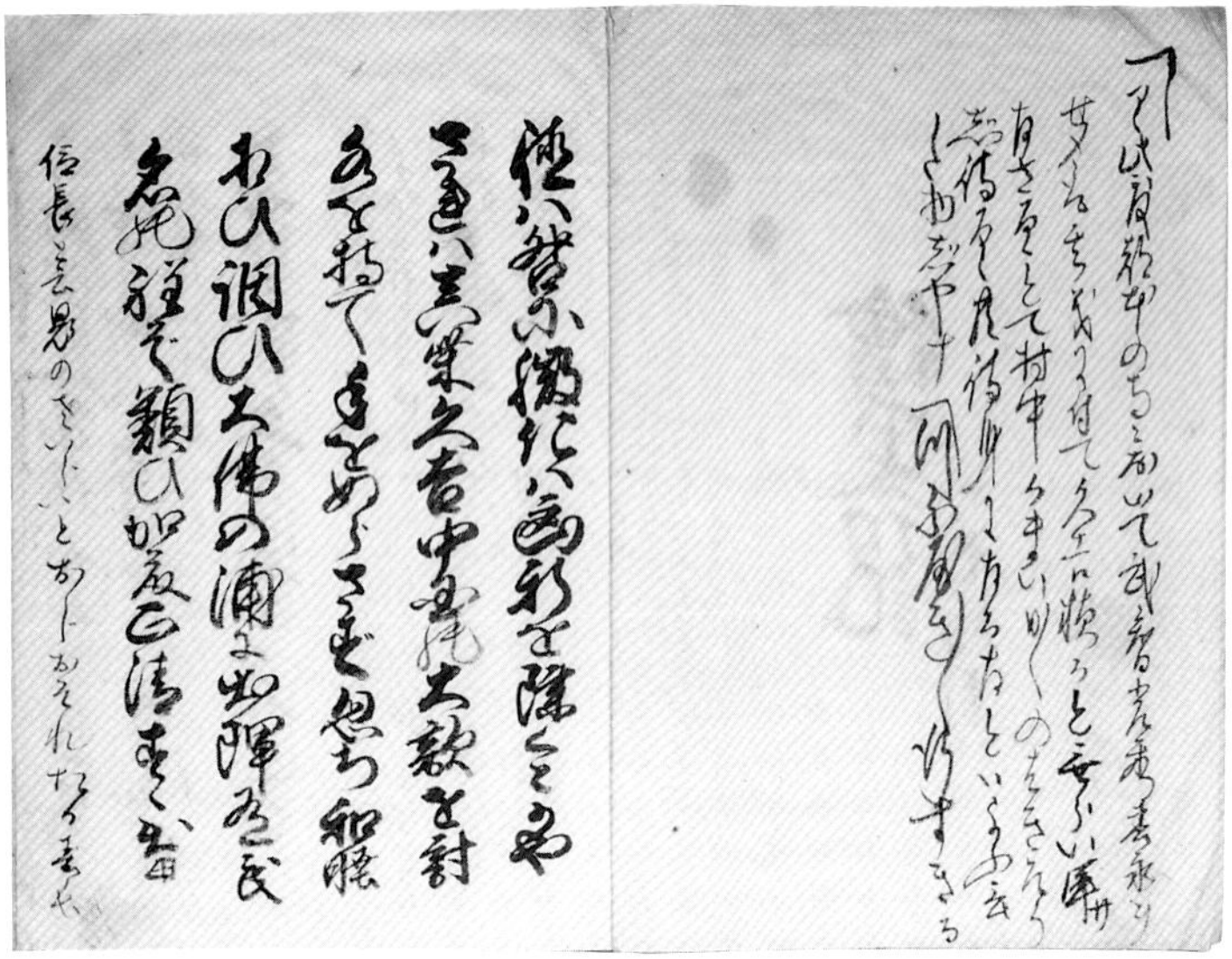

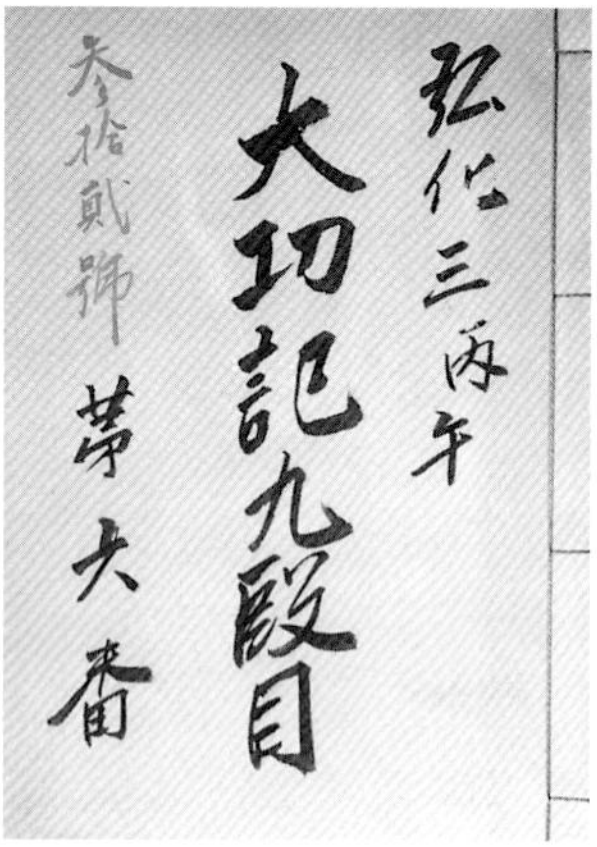

39　曳山狂言台本　絵本太功記　九段目
月宮殿田町組蔵、弘化３年（1846）

じられている。それは、秀吉への思慕とは離れた、狂言内容そのものへの理解と習熟をもって、子供狂言を観る目が養われていたためと考えられる。

その他にも、秀吉ゆかりの外題としては、絵本太功記の他の段や、『木下《このした》蔭《かげ》狭間《はざま》合戦《がっせん》』などが演じられている。現在では、子供狂言のみならず、本歌舞伎においても「太十」以外の太功記ものがかかることはほとんどないが、長浜では弘化三年（一八四六）にそろって太功記九段目と木下蔭狭間合戦が上演されている。

九段目は、久吉が百姓姿に変装した光秀方の四天王田島頭《たじまのかみ》に襲われるが、撃退して旅僧姿で脱出し、十段目へと続く話。

木下蔭狭間合戦は、作者は若竹笛躬・近松余七（十返舎一九《じっぺんしゃいっく》）・並木千柳で、寛政元年（一七八九）に初上演された十段仕立ての浄瑠璃。七段目の「竹中砦《たけなかとりで》」が有名で、小田春永《おだはるなが》と斎藤義《さいとうよし》龍《たつ》の戦で、それぞれの軍師此下藤吉《このしたとうきち》と竹中官兵衛《たけなかかんべえ》が智謀を競う話。そこに石川五右衛門もからんでくる。

上演された弘化三年は、長浜で秀吉二百五十回忌が営まれた年である。そ

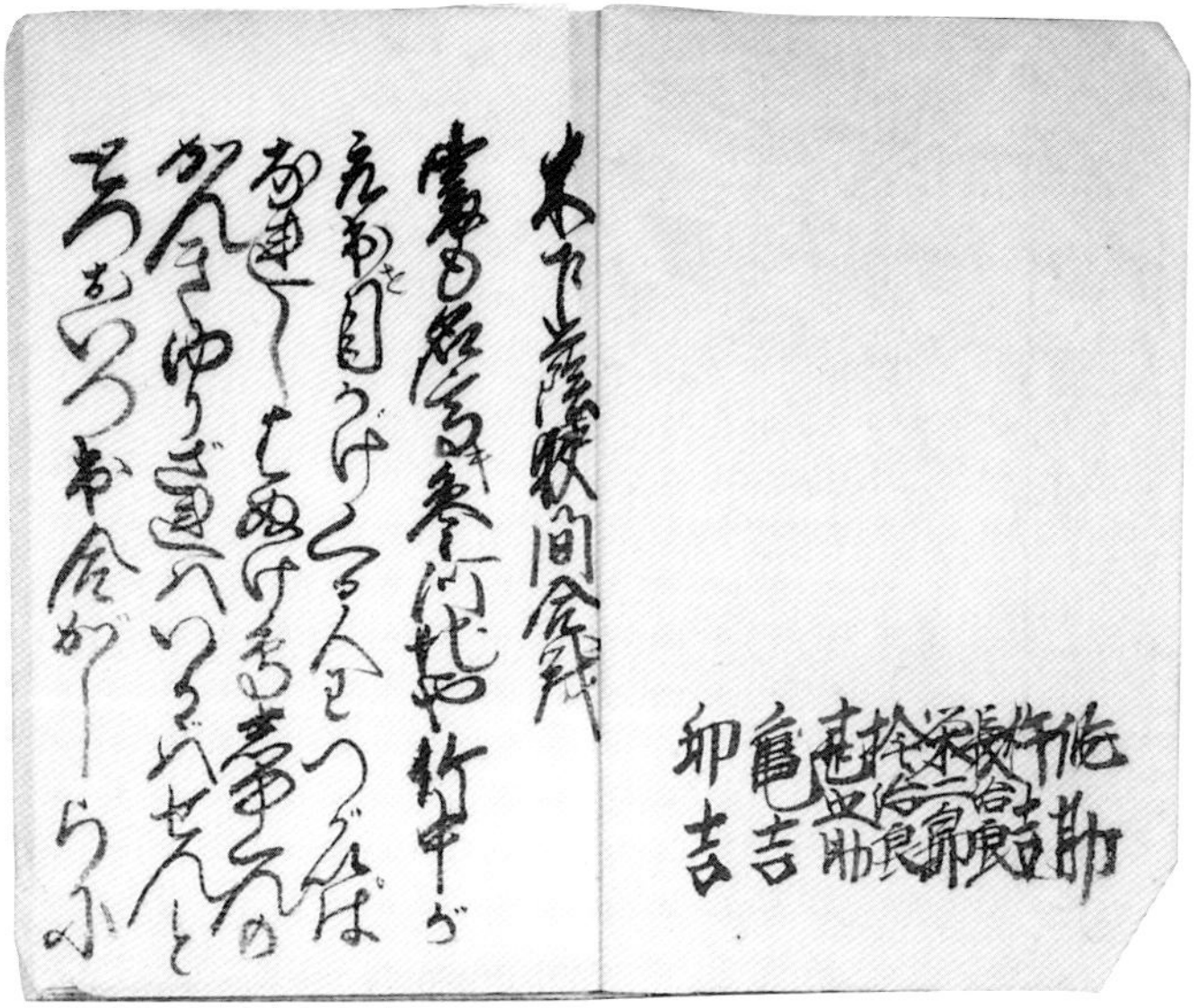

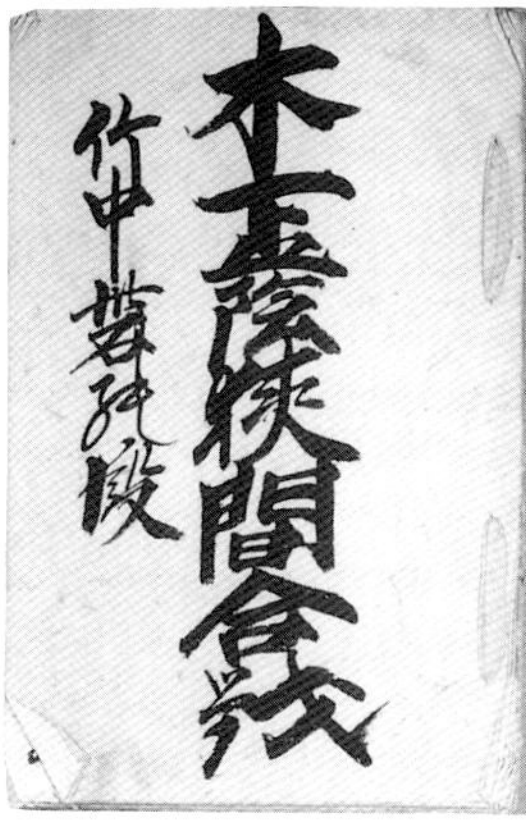

38　曳山狂言台本　木下蔭狭間合戦
青海山北町組蔵、弘化３年（1846）

れにあたって、町衆は石燈籠と金燈籠を蛭子《えびす》神社（のちの豊国《ほうこく》神社）に奉納している。いずれも年紀銘が刻まれていて、特に金燈籠は「弘化三年八月御神忌二百五十回奉納、長浜中」とあり、当時蛭子神社と名乗ってはいるが、明らかに祭神秀吉を意識して奉納されたものであることがわかる。

　わざわざこの年に「太十」ではない秀吉にちなむ外題をもってきたのは、おそらく同様の理由からであろう。

　以上のように、長浜曳山祭と子供狂言は、長浜城築城やその後の町づくりと同じように、秀吉と密接な関わりをもっている。長浜は、秀吉の生涯の中でもっとも昇り調子で、勢いのあった時期に接点をもった。そして、開町の恩人として仰ぐとともに、若き日に通り過ぎていった天下人に親しみと思慕を寄せた。

　そこには、彦根藩の支配下で、徳川政権とは別の権威背景、すなわち秀吉から与えられた経済的特権と、秀吉ゆかりの祭りを維持することによって、現支配者と向かい合う図式が浮かび上がってくる。立身出世の英雄は、身分制の確立した社会の中にあっては、憧れの存在であるとともに、密やかな反体制の象徴であったであろう。

あわせて、度重なる風俗粛正令にもかかわらず、歌舞伎を奉納狂言と称し、町衆の娯楽を確保する。もちろん、その基盤には長浜八幡宮への信仰心があってこそのことである。

そこに、長浜町衆のしたたかさと、ひたむきさを感じずにはいられない。そしてその気質は、現代においても息づいているのである。

弁当箱
萬歳楼瀬田町組蔵、江戸時代
竿を通して天秤に担ぐ弁当箱のセット。
この山組の紋章は、秀吉ゆかりの五七の桐。

湖北に残る秀吉信仰

中島　誠一

森本神社（高月町森本）
本殿の東側に豊国神社小祠がある。北側に隣接して宗禅寺がある。

森本神社摂社
豊国神社（高月町森本）
小祠は、覆屋の中にあり、高さ15㎝ぐらいの木造豊臣秀吉坐像を御神体として祀る。

　ここでは湖北に残る秀吉信仰を、二例紹介しておきたい。伊香郡高月町森本には、森本神社の摂社として、木造豊臣秀吉坐像を御神体と祀る豊国神社の小祠がある。また羽柴秀吉判物ならびに検地帳が、伝存している。森本は、湖北における陰陽師の住む村として知られていた。なかでも戦国大名浅井氏の二代目久政に仕え、天正元年（一五七三）の小谷城落城の際には、主君のあとを追って自害した鶴松大夫は著名である。そのようすは、前述した『絵本太閤記』にも詳述されている。
　さて鶴松大夫は、どのような人物であろうか。後に羽柴秀吉は、彼らを称して「森本の舞々《まいまい》大夫《たゆう》併びに陰陽の大夫」と表現している。戦国大名と彼らの関わりは、一体何だったのか。端的に言えば舞々大夫は、予測できない戦の勝敗などを占っていたのである。現

草野神社（浅井町鍛冶屋）
本殿内に太閤堂を摂社として祀っている。

源五郎屋敷跡（浅井町鍛冶屋）**に残る井戸**

在では舞いなどの芸能は、人が楽しむものと誰しもが思っている。元来は、そうではなかった。舞とは神を喜ばせ、その神慮を自分たちに向けさせること、すなわち神の加護を受けるよう積極的に招来することにほかならない。戦の勝敗は、人知を越えたところにあると自覚していた戦国武将たちにとって、運を開くための、側近として舞をする大夫、吉凶を占う陰陽の大夫を置いたのである。

浅井氏滅亡後は、森本を始めその旧領は羽柴秀吉の領するところとなり、秀吉はその居城として長浜城を今浜の地に築く。その際、森本村に対しては「森本舞々大夫併びに陰陽の大夫は、賦役を免除する」という判物を、秀吉は発給している。この特令は、江戸時代、彦根藩領になってからも継続されたようで、役儀免除を示す文書が残っている。この秀吉の恩に感謝し、地元の産土神である森本神社境内に豊国神社を勧請し、今に至っている。現在も、秀吉の命日から一月遅れの九月十八日に、在所の人たちが集まって太閤講をおこなっている。以前は、各家から豆・ナスビ・田芋の炊いたのとそれを

秀吉の渡った石橋（浅井町鍛冶屋）
秀吉が渡ったという石橋。源五郎屋敷への道すじの小川にかかる。

鍛冶屋集落（浅井町鍛冶屋）
草野川の西側に立ち並ぶ鍛冶屋の集落。この在所にある源五郎家に丁稚奉公して、秀吉は鍛冶職を身につけたといわれている。

入れる椀を、秀吉の位牌を伝えるという在所の宗禅寺に持ち寄って、講を開いていた。現在でも講の当番は決まっているが、参加者にお菓子を配るだけになった。

東井郡浅井町鍛冶屋の草野神社には、折れた槍の穂先を御神体と祀る太閤堂《たいこうどう》が摂社としてある。また秀吉との深い関係を示す西草野鍛冶あての羽柴秀吉判物や、秀吉講を思わせる文書が伝存する。また上流の村、草野で誕生した秀吉が、子どものころ鍛冶屋の徒弟修行をしたという遺跡や、賤ケ岳の戦勝を祝って始めたという太閤踊《たいこうおど》りが伝承されている。

伝承によれば、秀吉は、隣村の草野で誕生、母は同じ草野庄の吉槻（現在の坂田郡伊吹町吉槻）の出身という。子どものころ、鍛冶屋の源五郎家に鍛冶の丁稚奉公にいったといい、その跡地と伝える場所には、井戸址が石地蔵とともに認められる。付近の小川には、秀吉が渡ったという石橋が今も残る。

西草野鍛冶あての羽柴秀吉判物は、天正二年ごろ（一五七四ごろ）羽柴秀吉から西草野鍛冶宛て出した賦役の免状である。草野鍛冶の始まりは、大和

草野神社の石段にて

昭和40年11月３日復活の際の記念写真。踊り手は、ハンマとよばれる羽毛のかぶりものをし、手甲、脚半をつけ胸の前に太鼓を抱く。
行列の先頭に長い槍を持つ武将のつくのが特徴である。

国宇多郡の鍛冶国次が室町時代にこの地に移住したのが始まりと伝える。『近江《おうみ》木《こ》間攫《まざらい》』によれば、天正元年（一五七三）に湖北を領有した羽柴秀吉に鍛冶国広が槍を献上したという。そしてこの槍は、賤ケ岳の合戦で使用されたという。そして後年のことであろうが、この賤ケ岳の合戦の戦勝祝いとして、太閤踊りが始まったと伝える。なお太閤踊りは、長い間、中止されていたのを昭和四十年に復活、呼称もこのとき地元でも太鼓踊りと呼んだりして曖昧であったのを統一した。

また秀吉判物のほかにも、槍筋の家に代々持ち回りで伝えられたという文書も残っており、特定の家筋で森本と同様に秀吉講を行っていた可能性もある。

このように湖北には、例は少ないが秀吉との濃厚な関係を示す伝承が残存しており、具体的に太閤講という形で、現在もなお時代を越えて秀吉を思慕する気持ちが認められる。

近代の秀吉人気

41　豊国神社再興砂持図屏風（右隻）　豊国神社蔵
砂持の儀とは、神社造営の際に氏子崇敬者の参加の下におこなわれる聖地・地鎮のための行事である。
幟や吹き流し、鯛のつくりものなど目出たいもの尽くしのようすが、六曲一双屏風に繰り広げられている。

豊国神社再興砂持図屏風(左隻)　豊国神社蔵
明治元年（1868）４月、明治天皇より豊国神社再興の沙汰が下り、明治８年になって現在の社殿の位置が決定された。翌９年10月１日より、10日間にわたり京都の町を挙げて盛大に御造営地砂持の行事がおこなわれた。

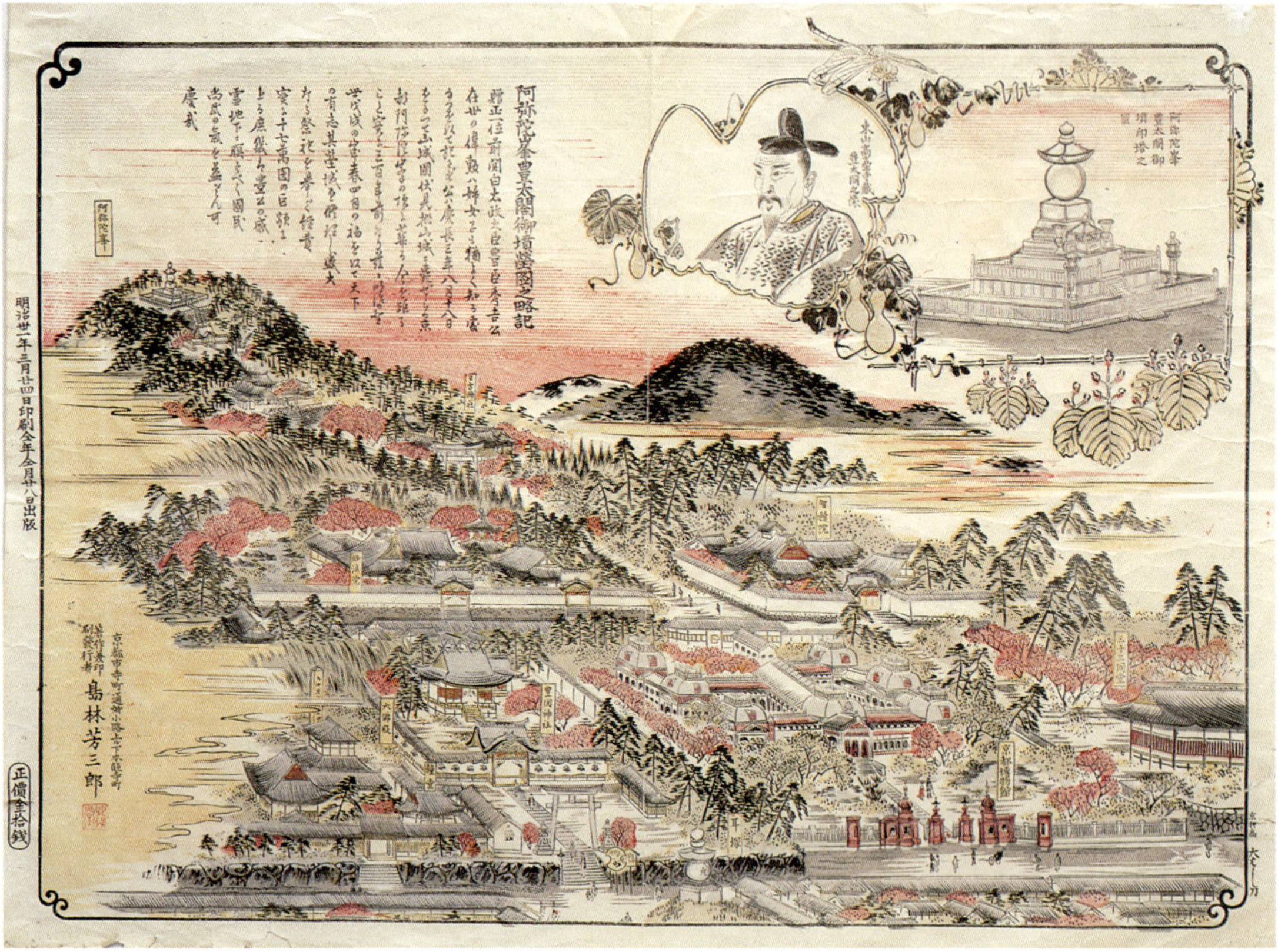

46　阿弥陀峯豊太閤御墳塋図之略記　名古屋市秀吉清正記念館蔵

明治31年（1898）の豊公三百年祭の直前に出された、阿弥陀ヶ峰一帯の整備されたようすを伝える色刷りのパンフレット。右上には新しく建立される五輪塔と秀吉の肖像が描き込まれている。

45　豊公三百年祭図会　京都府立総合資料館蔵
下図は、豊国踊りのようす。先頭に笠鉾、そのうしろは慶長９年(1604)、秀吉七回忌に町衆たちが踊った風流踊りを復元した舞踊集団豊遊会が続く。

42　錦絵　歌舞伎座新狂言太閤記尼崎之場（太功記十段目）　大阪城天守閣蔵

本図は明治23年（1890）に歌舞伎座で上演された芝居に基づくものである。三枚続。作者の三代目歌川国貞（四代国政：1848〜1920）は三代豊国の門人で役者絵や風俗画の作例が多い。

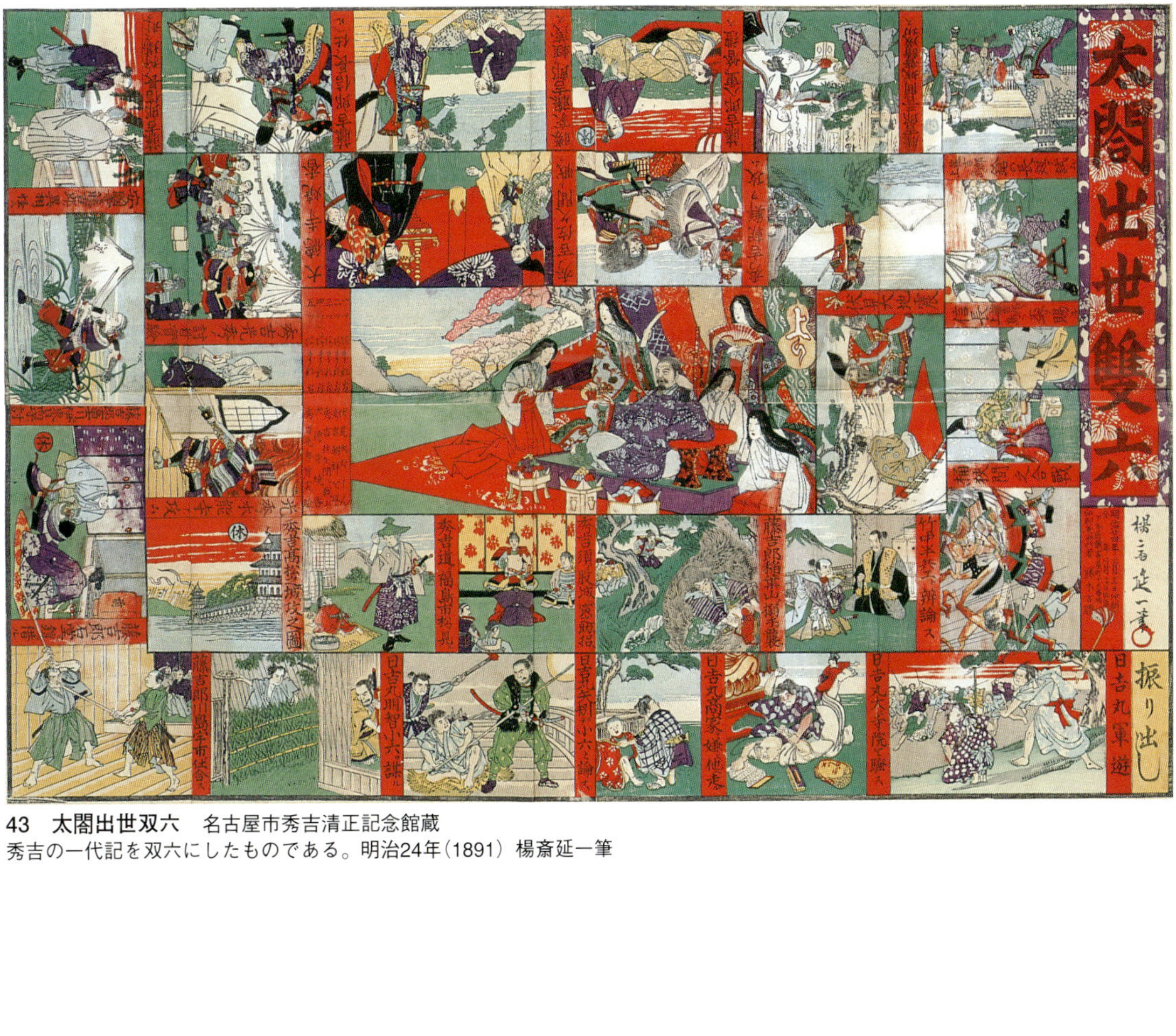

43　太閤出世双六　名古屋市秀吉清正記念館蔵
秀吉の一代記を双六にしたものである。明治24年(1891) 楊斎延一筆

明治の豊国神社再建

中島　誠一

豊国大明神勅額　豊国神社蔵
慶長12年（1607）後陽成天皇宸筆

京都府・大阪府

『太閤記』とともに庶民の心の中に生き続けた秀吉は、慶応四年（一八六八）の明治天皇の豊国神社再興の沙汰によって復権する。幕府によって痛めつけられてきた秀吉を救済し、神君家康の宗教的権威を否定するのが、その目的であった。しかしその沙汰は思わぬ内容であった。豊国神社を大阪城の近くに建立すべしと条件が付けられていたからである。この当時、秀吉を祀った豊国神社が京都阿弥陀ヶ峰にあった事は、すっかり忘れ去られていた。その一ヶ月後、今度は太政官布告の形で、阿弥陀ヶ峰に眠る秀吉の廟祠をも再興せよとの沙汰が出された。この問題が解決されたのは、明治八年（一八七五）明治天皇の沙汰から八年目のことであった。京都東山の地に本社殿を造営、

大阪　豊国神社
明治13年（1880）中之島旧熊本藩邸の跡地に別社豊国神社が創立。その後、大正元年（1912）現在の中央公会堂の地に移転。現在の豊国神社は昭和36年に大阪城二の丸の地に移された。

名古屋　豊国神社
明治18年（1885）に建立。参道入口には巨大な赤い鳥居が立つ。神社一帯は中村公園となっており、「豊公誕生地」の碑が立つ。

大阪府にも京都本社の摂社として、別社を創建する事で決着した。政府のこの決定によって京都府、大阪府は社殿の造営にむけて動き出した。京都では早くも翌明治九年六月に、豊国神社開運講社が結成され、最初の建築行事である砂持ち（地鎮祭）だけは、市民が参加して盛大に秀吉を祝いたい旨の要望をした。この砂持ちの祭典は、その年の十月一日から十日間に渡っておこなわれた。市内の各町内から千成瓢箪や吹き流しの幟、鯛や恵比寿などの巨大な造りものを載せた山車が練り回された。

こうして社殿が整い、境内地が整備され竣工したのは明治十三年五月のことであり、同九月には阿弥陀ヶ峰から秀吉の神霊を迎えた。正遷宮の儀式が済むと、庶民が我先にと社前に殺到、群集熱狂のうちに秀吉が迎えられた。大阪でも明治十二年、上棟式がおこなわれ、翌年九月、盛大に正遷宮の儀式が執り行われ、北陽の花町から三十余の練りものが繰り出した。こうして明治十三年に、京都、大阪に豊国神社が再興され、ふたたび豊国大明神として復活した。

金沢　豊国神社
明治40年（1907）に現在地へ再移転した。

石川県

元和二年（一六一六）、藩主前田利常は、卯辰山観音院を観音町に移し、神祠を設けてひそかに秀吉の像を祀り、幕府をはばかって卯辰山山王社（俗には卯辰観音）とよんだ。歴代藩主は篤く崇敬し、祭礼には神事能を奉納し、金沢の総祭として賑わった。明治五年（一八七二）郷社に列し、同十九年、殿町（現大手町）に移る。同四十年、現社地に再移転、豊国神社と改称した。例祭は五月二日。

愛知県

明治十六年（一八八三）、秀吉の生まれたとされる尾張国中村を確定し石柱を建立、明治十八年社殿を建立した。明治三十一年には維持困難となり、同神社と同境内をすべて県有公園として寄付する旨、申し出る。明治四十三年（一九一〇）、境内を拡大。この年、加藤清正を祭神とし、豊国神社の摂社とする。

滋賀県

秀吉が最初に城持ちとなった滋賀県長浜市では、明治維新に至り、蛭子《えびす》神社と一体になった秀吉社殿を豊《みのり》神社と呼ぶようになる。（当社については、長浜町での秀吉信仰に述べているのでご参照いただきたい。）

長浜　豊国神社
明治31年（1898）秀吉没後三百年の祭礼に、社殿を造営するとともに拝殿を修理した。

45　豊公三百年祭図会　京都府立総合資料館蔵

豊公三百年祭

中島　誠一

豊国神社が造営、破却そして明治になってからの再興については、二章、および各地の豊国神社の部分で触れたので重複を避け、ここでは豊公三百年祭を中心に紹介したい。

明治三十一年(一八九八)は、秀吉没後三百年にあたった。この中心となったのが明治二十三年（一八九〇）六月に結成された豊国会である。この時の会長は、黒田長政の子孫、当時侯爵であった黒田長成である。豊国会は、秀吉の廟墓再興、阿弥陀ヶ峰一帯の整備などを募金によって遂行していた。そして次の事業目的となったのが、豊公三百年祭である。

祭りの会期は、明治三十一年四月一日から五月三十一日までの二ケ月と決定、前回の事業と同様に、募金活動を開始した。目標額は十七万円、最終的にはこれを上回る十八万六千九円の募

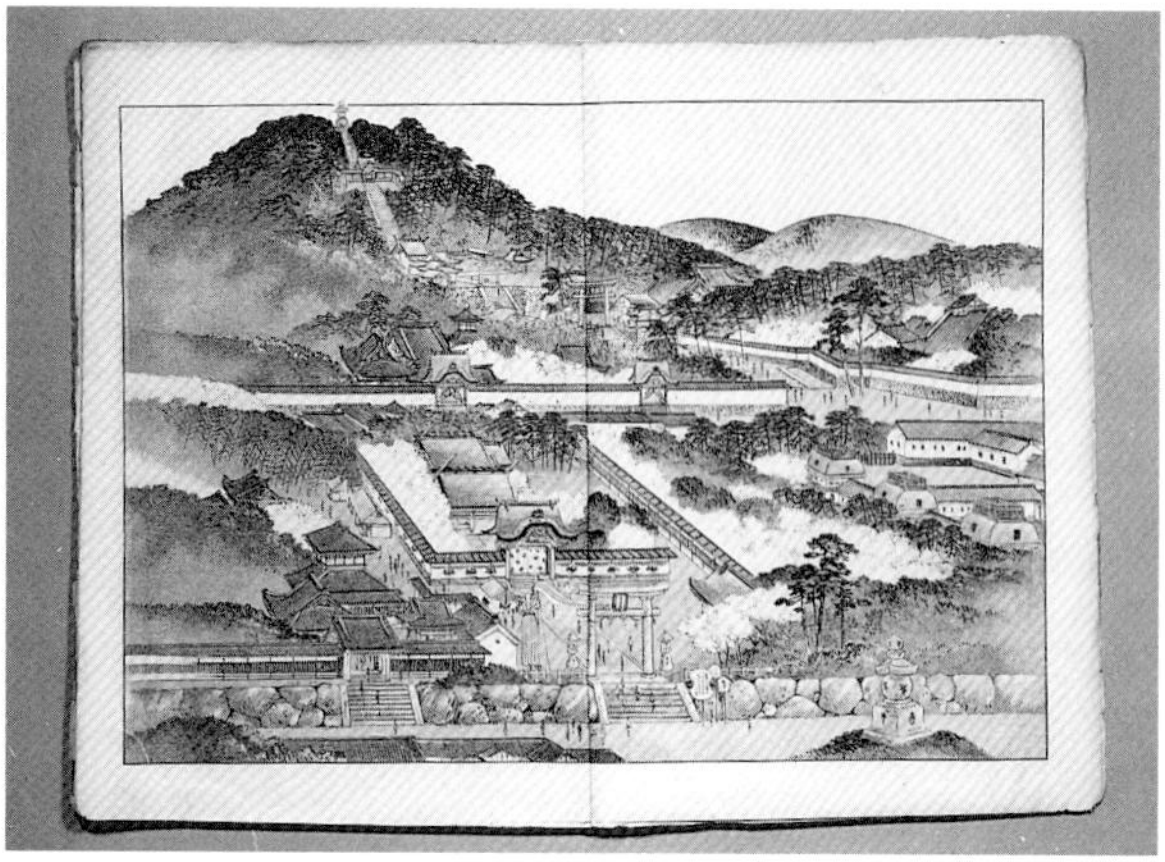

豊公三百年祭図会
京都府立総合資料館蔵

（左図）
廟墓修築と阿弥陀ヶ峰一帯の整備が完了したようす。

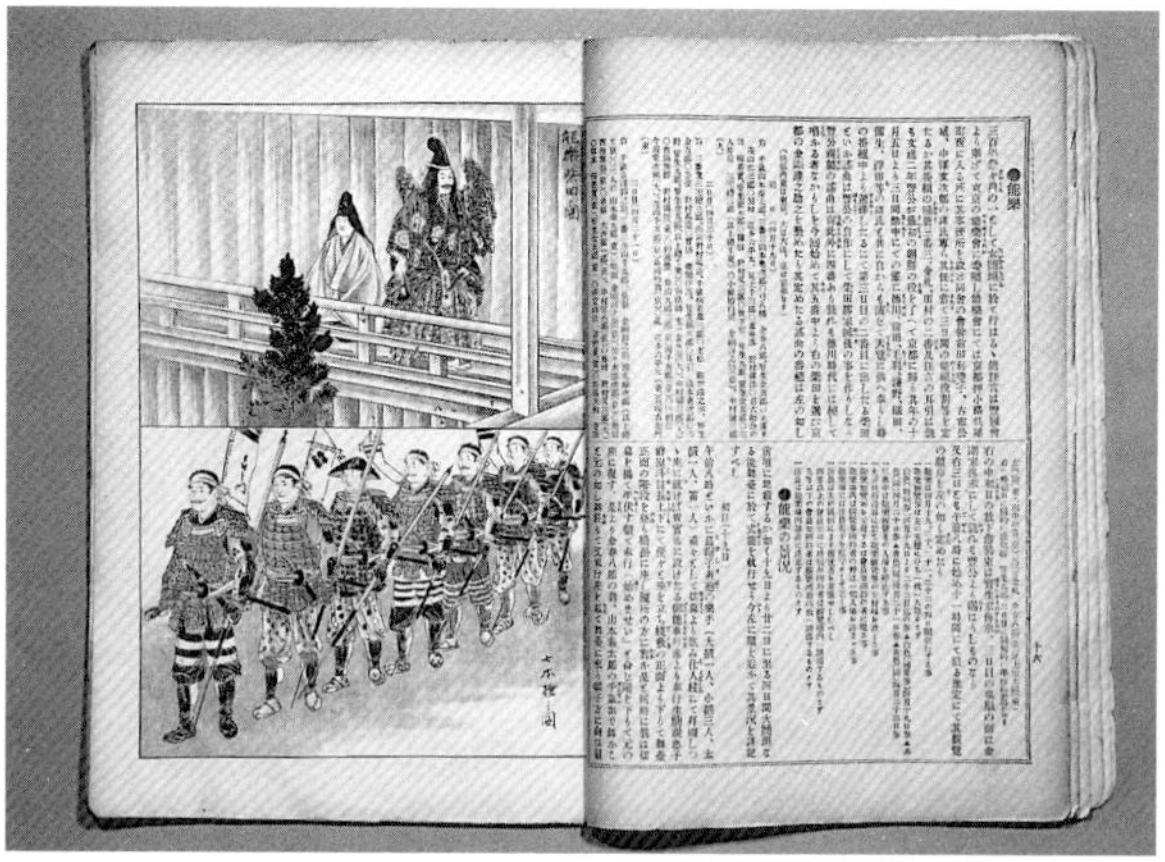

（左上図）
豊公祭における能楽奉納のようす。

（左下図）
京都市民が独自に企画した賤ヶ岳七本槍の仮装行列である。

金が集まった。豊国会募金部委員たちは、募金を達成するために色々な方法を模索し実行した。例えば募金額に応じて金・銀・銅の瓢箪形の記章を授与し、この所持者には、大祭当日、式場においてお神酒、神盃を供し、また大祭期間中は汽車・汽船の運賃が割引されるなどさまざまな特典が与えられた。このほか一円で参拝章を売り出し、この記章や参拝章がなければ、整備された阿弥陀ヶ峰へ登ることができなかった。

なお阿弥陀ヶ峰の秀吉の墓所が、巨大な五輪塔となって整備されたのが、明治三十一年三月三十日のことであり、途中、秀吉の遺体が確認されるなどのハプニングもあって当時、耳目が集まっていた。そしてその効果は当然、募金額に結びついた。

豊太閤三百年祭は、予定通り、四月一日に幕を開けた。そして十八日から始まった阿弥陀ヶ峰での大祭奉告会を契機に、整備された秀吉の廟墓を一目みたいという人たちで、一帯は、立錐の余地もない状態となった。

明治三十一年五月十五日に東陽堂から発刊された『豊公三百年祭図会―風俗画報臨時増刊第百六十四号』は祭典

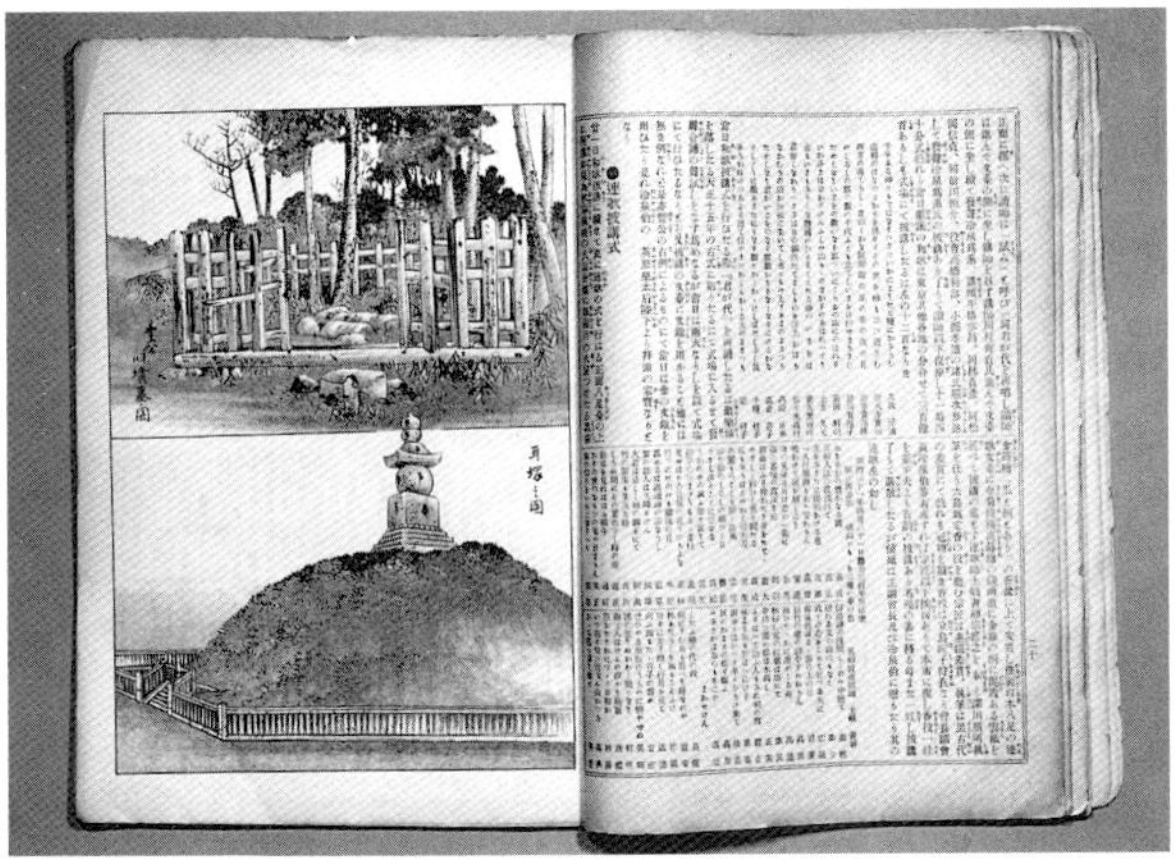

(左上図)
荒れ果てていた秀吉の墓。周囲の柵囲いは明治2年（1869）日出・足守藩が取り付けたものである。

(左下図)
文禄・慶長の役の際、朝鮮侵攻した日本軍が切り取って秀吉に送った耳、鼻をのちに埋葬供養した耳塚。秀吉の墓同様荒れていた耳塚は、明治31年、修築、追悼法要が営まれた。

(左・右頁上図)
仏教教団の各宗派が阿弥陀ヶ峰の拝殿において、それぞれ個々に秀吉三百回忌の法要を営んだ。

(左・右頁下図)
帝国京都博物館（現京都国立博物館）の「豊太閤遺宝展」を見学する人々。

のようすを、名和永年による挿絵で詳細に報告している。記事の内容は、次の通りである。

- 豊国会
- 阿弥陀峰
- 豊国山廟
- 竣工式次第と竣工奉告祭式次第
- 茶部
- 大祭の景況（十八日）
- 同大祭の景況（十九日）
- 同大祭の景況（廿日）
- 神饌
- 豊国会の夜会
- 太閤坦の能舞台
- 能楽
- 能楽の景況
- 歌披講式
- 連歌披講式
- 豊国神社
- 耳塚の供養
- 包丁式
- 山廟の佛祭
- 茶事
- 絵画展覧及び揮毫
- 余興掛
- 豊国祭踊り

●大阪城及び飛雲閣枳穀邸
●牡丹縦覧
●社寺祭典法会及び宝物縦覧
●博物館内の遺品陳列
●諸寄付物
●雑録

大祭の景況は、どう映ったのか、四月二十日のようすを紹介しておきたい。「二十日は大祭の第三日にて前二日よりも参拝、参列者の数夥しかるべきを予想し前日の祭式を終わるやヤライを広く結び巡らし混雑を防がん用意を為しぬ。さて当日は早旦より形のごとく式場を装飾し、午前八時より例の順序をもって式を始む。――中略――この日は式に列したるもののみにても約一万五千をもって数えられ、之に一般参加者を加へて峰嶺より大仏の辺りまで全く人をもって埋められぬ。されば宝殿内に設けありし、勧盃所の如きも雑踏一方ならず八足台も倒れ砕かるる有様なるにぞ。さらに拝殿の前面に手摺を設けて臨時係員を増し山嶺に達する石段は全く人をもって覆われたるぞ。凄じき。」とその混雑ぶりを紹介している。

また豊国祭踊りは、慶長九年（一六〇四）の秀吉の七回忌に町衆たちが踊った絢爛豪華な風流踊りである。豊国会の肝煎りで生まれた舞踊集団豊遊会は、その当時の衣装を『豊国祭礼図屏風』『豊国大明神祭礼記』などから復元し、まとって囃子歌をはやしながら跳ね踊った。そしてこの踊りの輪に町の人たちも加わり、それに新しい踊りの輪も生まれて、町のいたるところで乱舞をはじめ、群れをなして阿弥陀ヶ峰へと繰り出している。また祭りに参加しようと、市民が独自で企画した賤ケ岳七本槍や秀吉一代記といった仮装行列なども次々に繰り出した。この豊国踊によって京都の町は太閤さん一色に染まった。

こうして六十日間にわたって催された豊太閤三百年祭は、京都は勿論のこと、日本中に秀吉ブームを巻き起こし五月三十一日にすべては終了した。

豊国祭礼図屏風（左隻部分）　豊国神社蔵

もうひとつの秀吉像

秀平 文忠

軍神・秀吉と近代の教科書

江戸時代、秀吉は庶民の中で立身出世のヒーローとして語られ、演じられてきたが、実際には徳川幕府の禁制下、人びとは秀吉の墓所すら知らなかった。

転機が訪れたのは、明治維新。徳川政権への反動もあり、秀吉は天皇制と齟齬《そご》を起こさない範囲で復権していった。墓所も整備され、豊国《とよくに》神社も再興された。

しかし、富国強兵の風潮の中でクローズアップされたのは、天下人秀吉ではなく、朝鮮出兵というもうひとつの秀吉像。秀吉は軍神として豊国神社に祀られ、そのイメージは、一気に「皇威《こうい》ヲ海外ニ宣揚シタ先駆者」「海外制覇の先覚者」として喧伝されるところとなっていった。

その影響は、当時のメディアや教育現場にも表れる。秀吉の生涯のうち、朝鮮出兵の説明にページが割かれ、読本や芝居では得られなかった新たな秀吉像が、教科書を通じて子どもたちに刷り込まれていく。

48　歴史科教授用参考掛図（豊臣秀吉画像）
京都市学校歴史博物館蔵
教科書に登場する歴史上の人物を説明するために用いた掛軸。高台寺所蔵の絹本著色『豊臣秀吉像』をモデルに模写したものと考えられる。

44　小学国史談　第2巻　京都市学校歴史博物館蔵

小学国史談　第二巻
（京都市学校歴史博物館蔵）

文部省検定済教科書。木版、和装。東久世通禧《ひがしくぜみちとみ》著。明治二十六年（一八九三）に国光社より発行された。

内容は、第一「国の初」から第十七「議会開設」までを時代順に記す。第十八「歴世の概略」では、武士の世は文化こそ進歩したが、皇室が衰え重んじられなくなったため、その執政に不満をもつ人びとによって王政復古となったとし、「皇基《こうき》を振起し、日出《ひい》づる国の光、赫々として、世界に輝けり」とまとめる。

豊臣秀吉の項では、まず明智光秀を討って、信長の後をうけて天下を統一したことに触れる。

さらに、国内を平定したので朝鮮・明《みん》へと領土拡大するために朝鮮出兵に至ったことを倍のページを割いて紹介する。特に、文禄《ぶんろく》の役《えき》における加藤清《かとうきよ》正《まさ》・小西行長《こにしゆきなが》の侵攻の様子と、明の国書に秀吉が怒って慶長《けいちょう》の役《えき》に至ったことがクローズアップされる。明が秀吉を日本国王として和睦しようとしたのに対して、秀吉の怒りの理由が、「自

よび明をも攻め取り、日本の領地となさむと欲し、後陽成天皇の文禄元年、兵を發して、まづ朝鮮を攻む。加藤清正、小西行長等の諸將、命をうけて、八道よりすゝみ、忽にして、朝鮮を攻めやぶり、將に明に入らむと志たりしが、明主和を請ふによりて止みぬ。然るに、明主より遣したる書に、「汝を封じて日本國王となす」の語ありしかバ、秀吉大に怒り、「吾、何ぞえびすどもの封を受けむ。且吾日本

小學國史談　第二巻　十五　國光社藏版

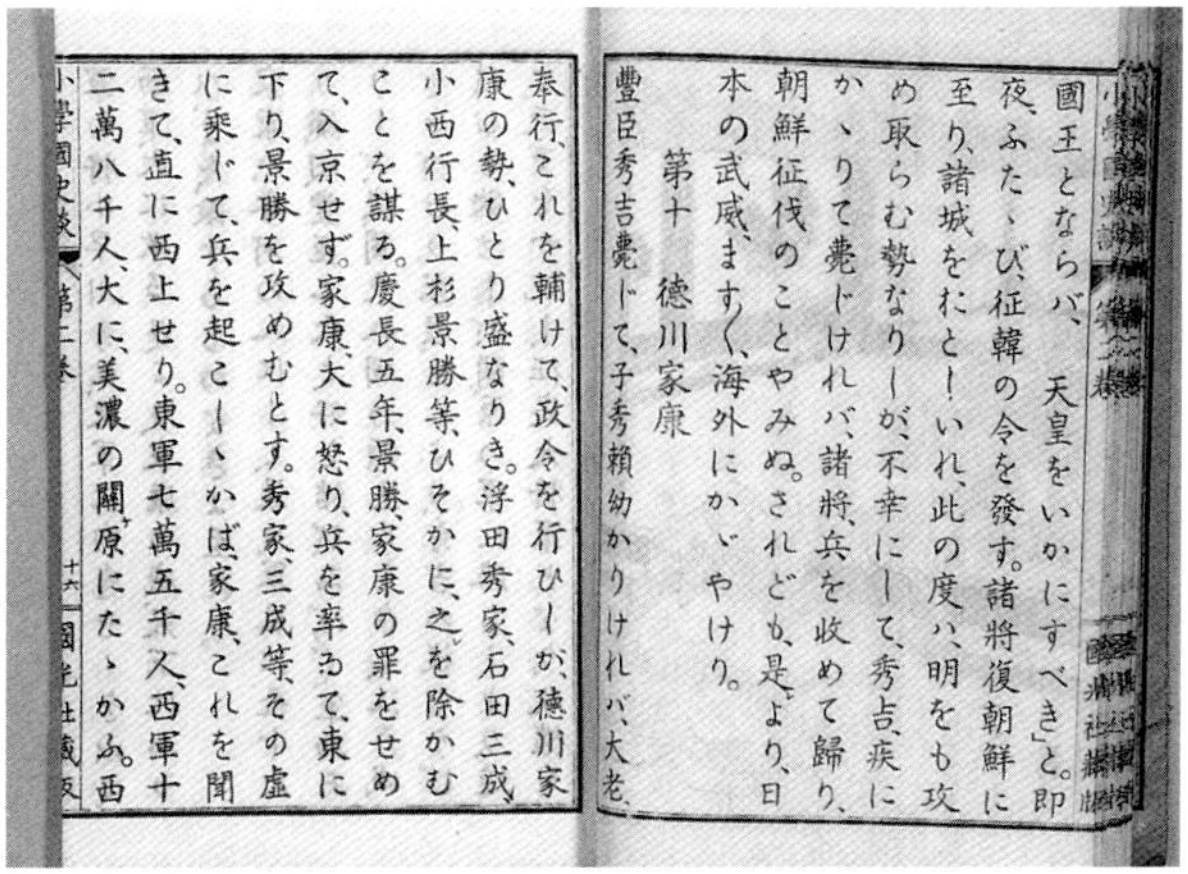
國王とならバ、天皇をいかにすべき」と。即夜、ふたゝび征韓の令を發す。諸將復朝鮮に至り、諸城をおとしいれ、此の度ハ、明をも攻め取らむ勢なりしが、不幸にして、秀吉疾にかゝりて薨じければ、諸將兵を收めて歸り、朝鮮征伐のことやみぬ。されども、是より、日本の武威ます〳〵、海外にかゞやけり。

第十　徳川家康

豐臣秀吉薨じて、子秀頼幼かりければ、大老、奉行、これを輔けて、政令を行ひしが、徳川家康の勢、ひとり盛なりき。浮田秀家、石田三成、小西行長、上杉景勝等、ひそかに、之を除かむことを謀る。慶長五年、景勝、家康の罪をせめて、入京せず。家康大に怒り、兵を率ゐて、東に下り、景勝を攻めむとす。秀家三成等その虚に乘じて、兵を起こしゝかば、家康、これを聞きて、直に西上せり。東軍七萬五千人、西軍十二萬八千人、大に、美濃の關原にたゝかふ。西

小學國史談　第二巻　十六　國光社藏版

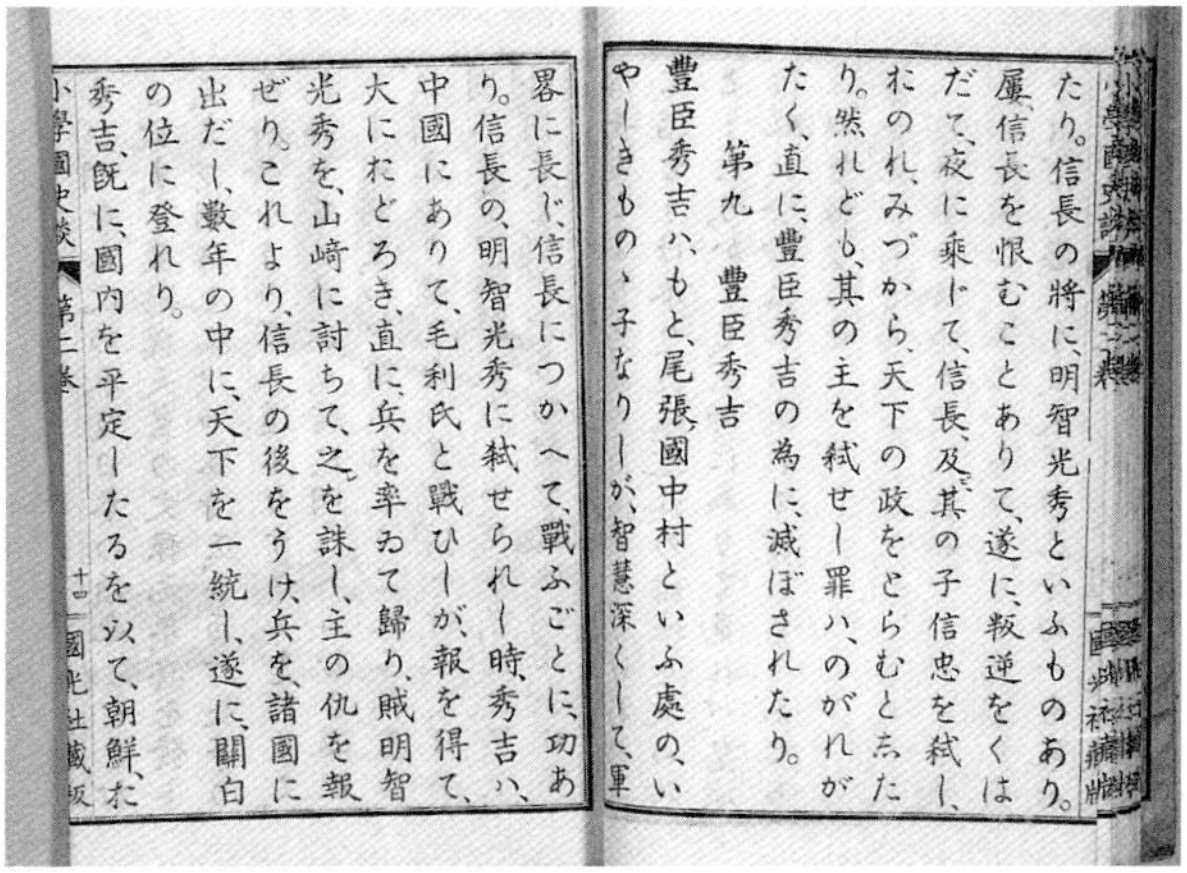
たり。信長の將に、明智光秀といふものあり。屢信長を恨むことありて、遂に、叛逆をくはだて、夜に乘じて、信長、及、其の子信忠を弑し、おのれ、みづから、天下の政をとらむと志たり。然れども、其の主を弑せし罪ハ、のがれがたく、直に、豐臣秀吉の為に滅ぼされたり。

第九　豐臣秀吉

豐臣秀吉ハ、もと尾張國中村といふ處の、いやしきものゝ子なりしが、智慧深くして、軍略に長じ、信長につかへて、戰ふごとに、功あり。信長の、明智光秀に弑せられし時、秀吉ハ、中國にありて、毛利氏と戰ひしが、報を得て、大におどろき、直に兵を率ゐて歸り、賊明智光秀を、山崎に討ちて、之を誅し、主の仇を報ぜり。これより、信長の後をうけ、兵を、諸國に出だし、數年の中に、天下を一統し、遂に、關白の位に登れり。

秀吉、既に、國内を平定したるを以て、朝鮮、お

小學國史談　第二巻　十四　國光社藏版

分が国王となったら天皇の立場はどうなる」というところにあることに注目。挿絵は、明の使者を前に国書を見て激昂する秀吉。

発行された明治二十六年は、日清戦争開始の前年にあたる。

49　改定小学日本歴史附図
京都市学校歴史博物館蔵

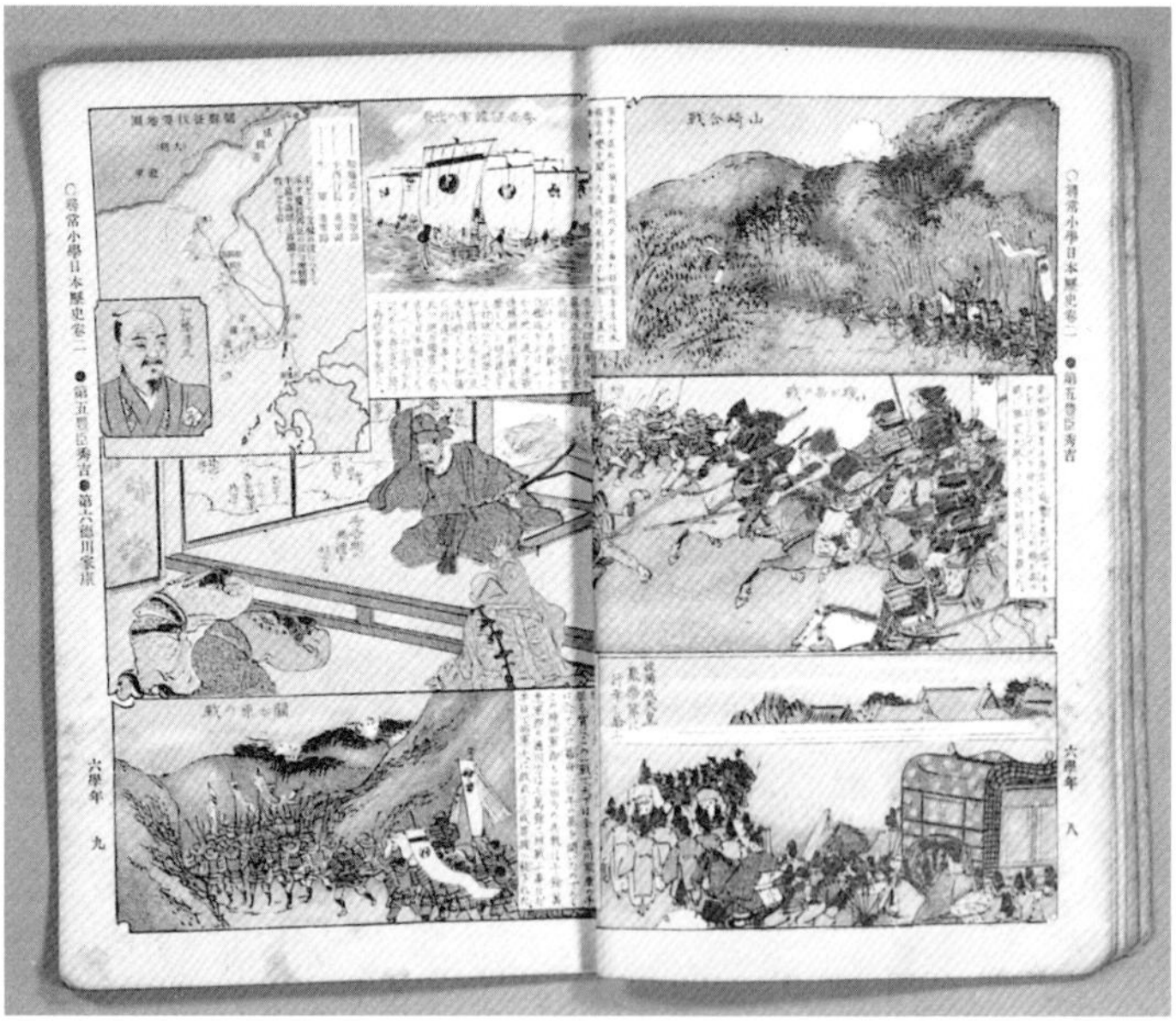

改定小学日本歴史附図（京都市学校歴史博物館蔵）

尋常小学校六年生用の歴史の資料集。国定教科書「小学日本歴史」の副読本として使用され、人物の挿絵や地図を多く掲載する。浅田多門編。大正三年（一九一四）、交盛館より発行された。

秀吉については、山崎合戦、賤ヶ岳合戦を経て、朝鮮出兵を大きく取り上げている。特に、文禄の役の際の、加藤清正軍・小西行長軍の進軍の様子を、朝鮮半島の地図上に示している。また、明の国書に対して怒りをあらわにする秀吉の様子を挿絵として掲載する。朝鮮出兵の原因を「秀吉路を朝鮮にかりて明を伐《う》たんとす」としている。また、秀吉との関わりの中で、後陽《ごよう》成《ぜい》天皇の聚楽第《じゅらくてい》行幸についても取り上げている。

発行された大正三年は、日本が第一次世界大戦に参戦した年。

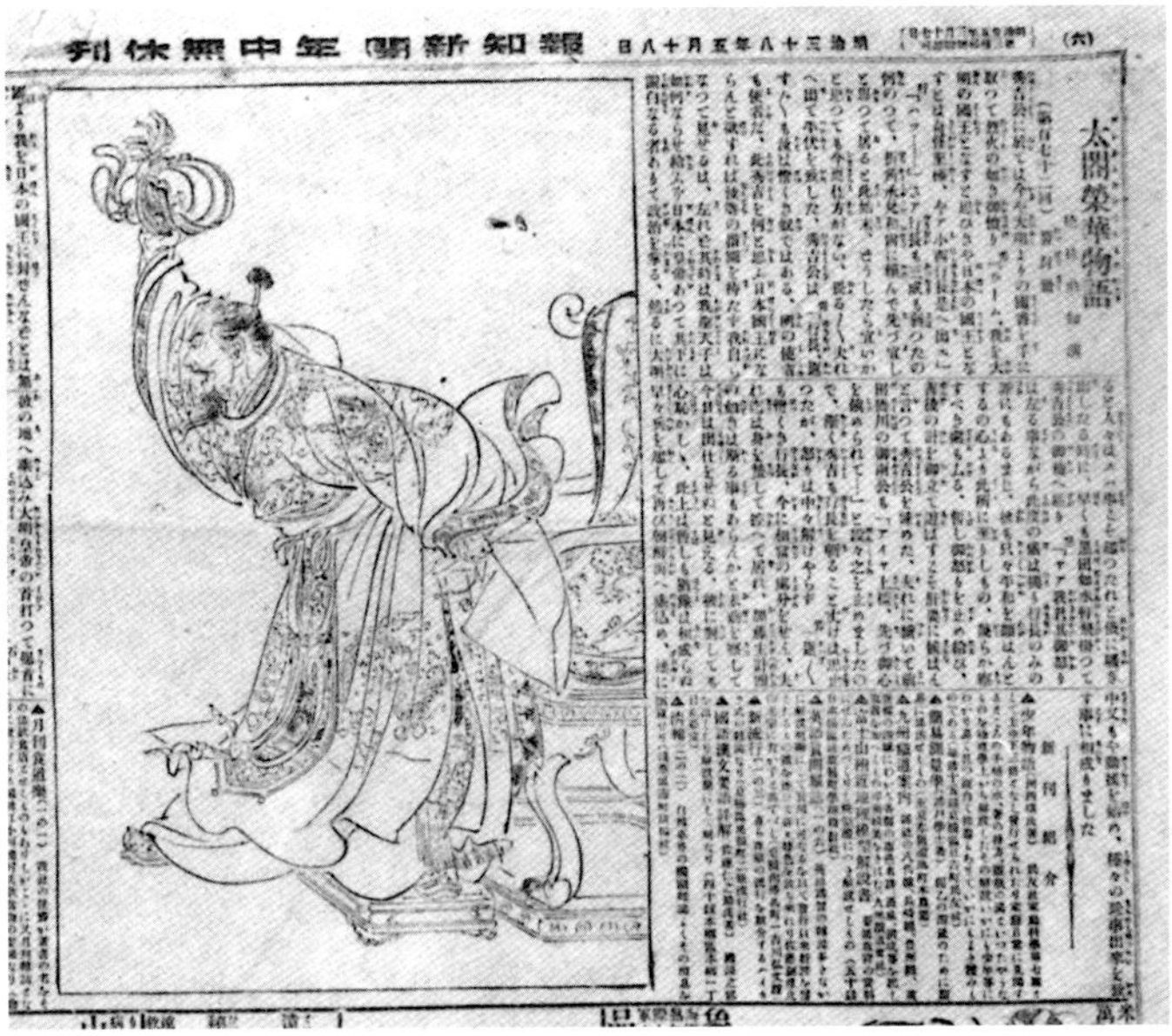

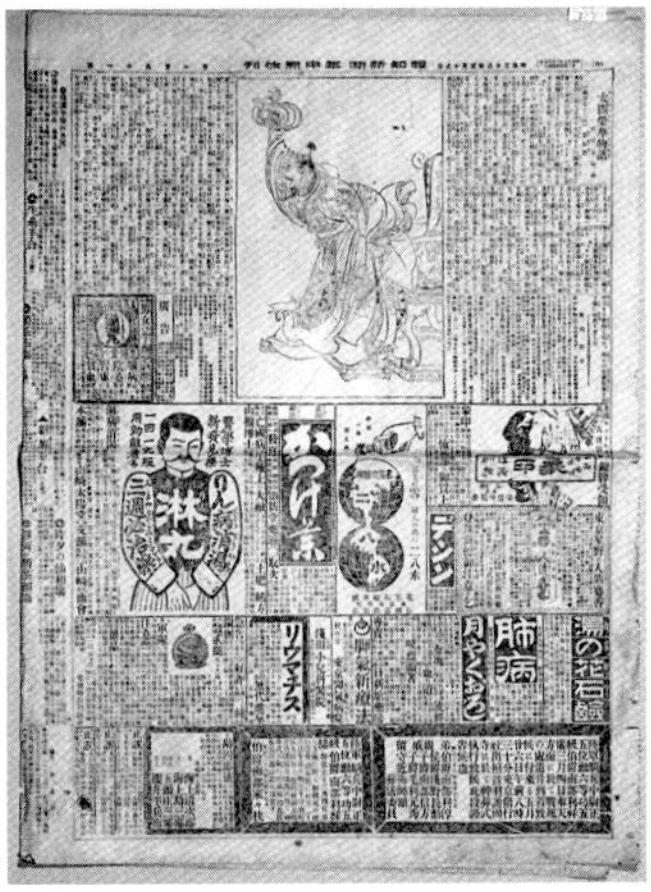

47　報知新聞
名古屋市秀吉清正記念館蔵
明治38年（1905）5月18日号

報知新聞
明治三十八年（一九〇五）五月十八日号

新聞の連載小説「太閤栄華物語」の第一七二回目を掲載する。挿絵は、秀吉が明の国書を手に激怒して、王冠を叩きつけようとする場面。国書に秀吉を日本国王とすると記されていたことについて、明の指図を受ける必要はないということと、自分が国王になれば天皇に不忠不義になってしまうということで、怒りをあらわにしている。間を取りもった小西行長は、危うく秀吉に斬られるところだった。一方で、明からの使者には遠路の来日をねぎらい、金品と土産を持たせて送り返すという面も描いている。

当時は、二年目に入った日露戦争の最中で、五月はまさに日本海海戦のとき。

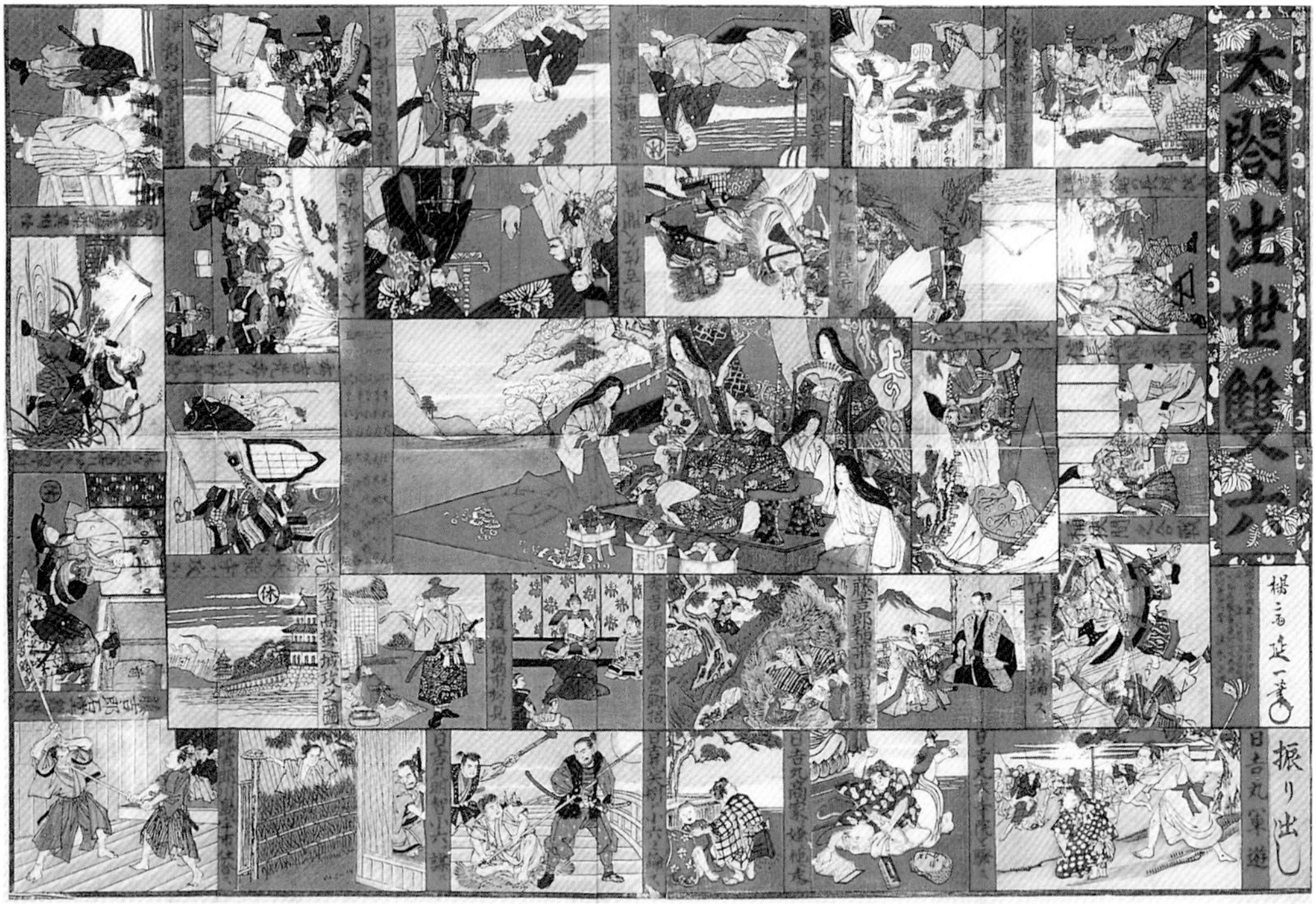

43　太閤出世双六　名古屋市秀吉清正記念館蔵

『太閤出世双六《たいこうしゅっせすごろく》』（秀吉清正記念館蔵）

秀吉の出世譚をもとにした双六。明治二十四年（一八九一）、楊斎延一《ようさいのぶかず》筆。縦五〇・三センチ×横七三・〇。

秀吉の幼少期から始まり、醍醐の花見で「上がり」。途中、三回の「一回休み」があり、ちょうどの目が出ないと上がりにならず、また戻っていくことになる。

多彩なエピソードは、江戸時代に流布された読本・歌舞伎・浄瑠璃などから取材しているようで、当時の一般市民にとっての秀吉像がうかがわれる。

筆者の楊斎延一（一八七二～一九四四）は、楊州周延《ちかのぶ》の弟子で、明治二十～三十年代に活躍した錦絵の絵師。日清戦争の絵で著名となり、博覧会、国会、東京名所、日露戦争や美人画など、数多くの錦絵を手がけた。

つくられた明治二十四年は、大津事件や足尾鉱毒事件が起きている。

コラム①

大阪城天守閣の再興

太田　浩司

秀吉によって建造された大坂城天守閣は、慶長二十年（一六一五）の「大坂夏の陣」によって灰塵《かいじん》に帰した。その後、徳川幕府の手によって、大坂城全体の再興がはかられ、天守閣も再建されたが、寛文五年（一六六五）の落雷によって焼失している。

現在の大阪城天守閣は、昭和天皇の即位を祝う大阪市の記念事業として再興されたもので、昭和六年十一月七日に竣工した。大阪城公園内の整備、同じ敷地内にあった陸軍の師団司令部（戦後には、大阪市警、大阪府警を経て、昭和三十五年以降大阪市立博物館として使用されていた）の建築と合せ、その総工費は百五十万円にも及び、全額が市民の寄附によってまかなわれている。まさしく、現代に至るまでやむことがない、大阪市民の「秀吉人気」を象徴する事業となった。

この大阪城天守閣の復興は、その後全国各地で行われている天守閣復興の第一号である。また、建物内部を歴史資料館とするという着想は当時斬新で、歴史系博物館の最古参として、現在も日本の博物館界をリードしている。

豊太閤特別展観図録　知善院蔵
大阪城天守閣の再興を祝って企画された特別展観の図録。特別展観は、昭和６年の11月７日から12月６日にかけて天守閣内で開催されたが、この図録にはその展示資料の内約70点が収録されている。装丁を建築家武田五一が担当し、洒落た表紙デザインとなっている。知善院からは淀殿自筆消息、長浜八幡宮からは秀吉寄進銘がある釣燈籠と、長浜の寺社も出陳している。

大阪城絵はがき　知善院蔵
竣工間もない頃の大阪城天守閣を撮影した絵はがき。大阪市が発行したもの。

コラム②

大河ドラマと秀吉

秀平　文忠

秀吉のイメージ

現代社会における秀吉像はどのようなものであろうか。

多くは、テレビや時代小説に描かれた姿から刷り込まれるイメージであろう。そこでは往々にして、登場人物や役者がイメージに合わないと違和感を憶えることも少なくない。

しかし、自分がもっていたイメージも、歴史の授業や別の時代劇で得たものである場合が多く、史実と思っていた事件やまことしやかにいわれていた話も、実は江戸時代に『絵本太閤記《えほんたいこうき》』などでつくられたエピソードだったりする。いつの時代も、史実の再現よりも、受け手の人びとに求められているイメージを重視して、ドラマや芝居はつくられていくものである。時代劇はその意味で、現在の世相を反映した「現代劇」であり、今は伝統芸能とされる歌舞伎・狂言なども同じく当時の現代劇であったのであろう。

現代の秀吉に求められるイメージは「立身出世」。不景気の折りますます遠ざかりつつあるが、現代のサラリーマンにとって永遠の課題であり憧れである。人の中でもまれながら、人に出会い、人を取り込んで登り詰めていった秀吉は、まさに会社社会をわたっていくサラリーマンにとってのバイブルであろう。

実際に、秀吉の処世術に取材したビジネスマン向けノウハウものの雑誌や著作も数多く見受けられる。

大河ドラマにみる秀吉

世相を反映した秀吉像を描く時代劇の中でも、もっとも大御所的な存在なのが、ＮＨＫの大河ドラマといえよう。昭和三十八年（一九六三）の第一回作品「花の生涯」から、平成十六年一月から始まった「新撰組！」まで、四十一年間で全四十三作品を数えるが、うち秀吉が登場したのは十一作品。意外にも、主役として取り上げられたのは、昭和四十年（一九六五）の『太閤記』と、平成八年（一九九六）の『秀吉』の二回のみである。

『太閤記』の緒形拳は当たり役と聞くが、『秀吉』（平成八年一月七日〜十二月二十二日放送）の竹中直人も印象的であった。

竹中直人扮する秀吉は、おなじみ百姓から身を起こした「たたき上げ」。英知と行動力、そして人の心を上手につかみ取り込んでいく力を備えて、下積みからのし上がっていった。

一方、村上弘明扮する明智光秀は、信長（渡哲也）の部下の中でも優秀で信任も厚い「エリートサラリーマン」。しかし、信長は、二人を評価はしているものの表向きにはそうは見せず、部下に厳しく当たる「鬼上司」。

きまじめな性格も災いし、自分に迫り追い抜いていく秀吉を目の当たりにして焦燥感と嫉妬心ばかりが募っていく光秀。やがて、信長との間にできた隙間は大きくなり、母（野際陽子）の命を差し出さなければならない事態にいたって、信長との決別を決意する。

親方様にけなされても信じてついて行く竹中直人の笑顔と、親方様に認められない苦悩ゆえ、謀反へと傾いていく村上弘明の悲痛な表情が対照的であった。少なくとも秀吉と光秀の間には、お互いを認め合う友情めいたものがあったように描かれていたのが救いであった……。

この作品は、同じ出世コースを歩む職場同僚との関係に完全に置き換えられた現代劇といえよう。それゆえに感情移入できた視聴者も多かったに違いない。

放送された平成八年は、長浜市でも『北近江秀吉博覧会』を開催し、かつてないほどの観光客を集めた。秀吉ファンを自認する長浜市民にとっても、忘れ得ない作品であろう。

（敬称略）

参考文献

『豊臣秀吉・戦乱が生んだ天下人』（日本放送出版協会、一九九五年）
『歴史群像』二四（学習研究社、一九九六年）

大河ドラマ登場回一覧

（敬称略）

西暦	タイトル	秀吉役	主役	原作	脚本	長浜城歴史博物館入館者数（年度）
1965	太閤記	緒形　拳	〃	吉川　英治	茂木　草介	―
1971	春の坂道	中村　芝鶴	中村錦之介（柳生宗矩）	山岡　荘八	杉山　義法	―
1973	国盗り物語	火野　正平	平　幹二朗（斎藤道三）	司馬遼太郎	大野　靖子	―
1978	黄金の日日	緒形　拳	市川染五郎（呂栄助左衛門）	城山　三郎	市川　森一	―
1981	おんな太閤記	西田　敏行	佐久間良子（ねね）	橋田壽賀子	橋田壽賀子	―
1983	徳川家康	武田　鉄矢	滝田　栄（徳川家康）	山岡　荘八	小山内美江子	268, 150
1987	独眼竜政宗	勝　新太郎	渡辺　謙（伊達政宗）	山岡　荘八	ジェームス三木	93, 350
1989	春日局	藤岡　琢也	大原　麗子（春日局）	橋田壽賀子	橋田壽賀子	119, 943
1992	信長	仲村トオル	緒形　直人（織田信長）	田向　正健	田向　正健	157, 185
1996	秀吉	竹中　直人	〃	堺屋　太一	竹山　洋	519, 966
2002	利家とまつ	香川　照之	唐沢　寿明（前田利家）	竹山　洋	竹山　洋	146, 869

※1983年は長浜城歴史博物館開館。1996年は『秀吉博』開催。

特別展

『庶民の神　秀吉—秀吉人気の秘密を探る—』展示資料目録

＊この目録の番号は、本文の写真番号と一致する。
＊掲載順は、列品番号・資料名・員数・時代・法量・所蔵者・保管者の順である。
＊法量の単位は、センチメートルである。

1　人間・秀吉の魅力

1　方広寺大仏殿諸建物并三十三間堂建地割図　一巻
慶長一〇年頃（一六〇五年頃）
縦三五・七×横五五六・四
中井正知氏蔵／京都市歴史資料館寄託

2　木造　豊臣秀吉坐像　一躯
江戸時代初期
高さ七三・八
大阪城天守閣蔵

2　秀吉の死—豊国大明神となる—

3　「豊国大明神」神号　一幅
慶長七年（一六〇二）
縦四九・五×横一六・五
名古屋市秀吉清正記念館蔵

4　豊国祭礼図屏風（右隻）　六曲一隻
慶長一一年頃（一六〇六年頃）
縦一六七・五×横三六五・〇
豊国神社蔵

5　豊国社臨時祭次第書　一通
慶長一九年（一六一四）
縦三一・八×横四四・〇
豊国神社蔵

6　慶長四年　豊臣秀頼公創立豊国神社之図　一面
明治時代（原本は桃山時代）
縦五五・〇×横三九・五
津田三郎氏蔵

7　豊公御葬式行列絵図　一帖
明治時代
縦二三・五×縦一六・五
豊国神社蔵

8　太閤秀吉公御葬式御行列記　一冊
江戸時代
縦二〇・九×横一三・〇
名古屋市秀吉清正記念館蔵

3　太閤記の世界—痛快・出世譚　夢と希望と—

9　甫庵・太閤記　四冊
正保三年（一六四六）
縦二八・〇×横一八・〇
大阪城天守閣蔵

10　豊臣秀吉譜
三帖（上・中・下）
明暦四年（一六五八）
縦三四・〇×横二二・五
名古屋市秀吉清正記念館蔵

11　絵入太閤記
一一冊
宝永七年（一七一〇）
縦一三・〇×横二〇・〇
名古屋市秀吉清正記念館蔵

12　絵本太閤記
八冊
享和元年（一八〇一）
縦二二・四×横一五・一
市立長浜城歴史博物館蔵

13　川角太閤記
五冊
嘉永四年（一八五一）
縦二七・〇×横一八・〇
名古屋市秀吉清正記念館蔵

14　重修　真書太閤記
五冊
嘉永四年（一八五一）
縦二六・三×横一八・〇
名古屋市秀吉清正記念館蔵

15　太閤真顕記（講釈）
一冊
安政年間（一八五四～一八五九）
縦二四・九×横一七・四
名古屋市秀吉清正記念館蔵

16　絵本豊臣勲功記
一〇冊
安政四年～（一八五七～）
縦二二・八×横一六・二
名古屋市秀吉清正記念館蔵

17　木下蔭狭間合戦
一冊
寛政元年（一七八九）
縦二二・五×横一五・七
国立文楽劇場蔵

18　日吉丸稚櫻
一冊
享和元年（一八〇一）
縦二二・〇×一六・〇
国立文楽劇場蔵

19　絵本太功記
一冊
安政二年（一八五五）
縦二二・二×横五五六・四
国立文楽劇場蔵

20　錦絵　日吉丸出世の鑑
一枚
江戸時代後期
縦五一・〇×横七二・〇
名古屋市秀吉清正記念館蔵

21　錦絵　太閤一代記
一枚
明治一一年（一八七八）
縦八・三×横一二・五
大阪城天守閣蔵

22　錦絵　大日本名将鑑
一枚
明治時代
縦三五・三×横二三・四
大阪城天守閣蔵

23　錦絵　清洲城普請の図
三枚続
江戸時代後期
縦三五・六×横七五・〇
大阪城天守閣蔵

24 錦絵　内大臣平重盛幼君補佐之図　三枚続
江戸時代後期
縦三四・九×横七三・二
大阪城天守閣蔵

25 錦絵　備中高松城水攻之図　三枚続
江戸時代後期
縦三六・三×横七五・〇
上羽文雄氏蔵

4 湖北・長浜が受け止めた秀吉
―町衆・村人の秀吉信仰―

26 木造　豊臣秀吉坐像　一躯
江戸時代前期
像高四〇・〇
知善院蔵

27 木造　豊臣秀吉坐像　一躯
江戸時代前期
像高一五・〇
高月町森本区蔵

28 「豊国大明神」神号　豊臣秀頼書　一幅
慶長五年（一六〇〇）
縦六三・八×横二九・七
知善院蔵

29 豊臣秀吉朱印状　一幅
天正一九年（一九五一）
縦四五・一×縦六五・六
知善院蔵

30 淀殿自筆消息　京極高次宛　一幅
安土桃山時代
縦三一・八×横五〇・八

31 「豊国大明神」神号　豊臣秀頼書　一幅
慶長七年（一六〇二）
縦六五・〇×横二四・四
長浜八幡宮蔵

32 豊臣秀吉像　源瑛昌画　一幅
寛政九年（一七九七）
縦一一〇・五×横五六・一
長浜八幡宮蔵

33 豊臣秀吉像　一幅
文政四年～文政七年（一八〇七～一二四）
縦一〇四・七×四一・一
萬歳樓瀬田町組蔵

34 豊臣秀吉像　一幅
江戸時代後期
縦一一八・四×横五七・〇
市立長浜城歴史博物館

35 羽柴秀吉判物　もりもと太夫宛　一巻
天正二年頃（一五七四頃）
高月町森本区蔵

36 羽柴秀吉判物　にしくさのかち共宛　一巻
天正二年頃（一五七四頃）
縦一二・八×四一・二
出雲一郎氏蔵

37 釣燈籠　一対
弘化三年（一八四六）
高さ三五・七　径三三・七
長浜・豊国神社蔵

38　曳山狂言台本（木下蔭狭間合戦）　一冊
弘化三年（一八四六）
縦二四・一×横一六・五
月宮殿田町組蔵

39　曳山狂言台本（絵本太功記）　一冊
弘化三年（一八四六）
縦二七・五×横一九・八
青海山北町組蔵

40　国守稲荷神社文書　三冊
江戸時代
中島信氏蔵

5　近代の秀吉人気
—豊国神社の再興と豊太閤三百年祭—

41　豊国神社再興砂持図屏風（右隻）　六曲一隻
明治一〇年（一八七七）
縦一五三・八×横三六〇・〇
豊国神社蔵

42　錦絵　歌舞伎座新狂言　三枚続
明治二三年（一八九〇）
縦三五・六×横七一・五
大阪城天守閣蔵

43　太閤出世双六　一枚
明治二四年（一八九一）
縦五〇・三×横七三・〇
名古屋市秀吉清正記念館蔵

44　小学国史談　巻二　一冊
明治二六年（一八九三）
縦二二・五×横一五・〇
京都市学校歴史博物館蔵

45　豊公三百年祭図会（風俗画報一六四号）　一冊
明治三一年（一八九八）
縦二六・〇×横一九・〇
京都府立総合資料館蔵

46　阿弥陀峯豊太閤御墳塋図之略記　一枚
明治三一年（一八九八）
縦四〇・〇×横五五・〇
名古屋市秀吉清正記念館蔵

47　報知新聞一〇九一号　一枚
明治三八年（一九〇五）
縦五五・〇×横四一・五
名古屋市秀吉清正記念館蔵

48　歴史科教授用参考掛図（豊臣秀吉画像）　一幅
明治時代
縦五二・〇×横三七・四
京都市学校歴史博物館蔵

49　改定　小学日本歴史附図　一冊
大正三年（一九〇三）
縦二二・〇×横一五・〇
京都市学校歴史博物館蔵

50　新書太閤記（吉川英治）　一冊
昭和一一年～三〇年（一九三六～一九五五）
縦二二・〇×横一六・〇
市立長浜城歴史博物館

51　土人形（千成太閤）　一点
昭和四五年（一九七〇）
高さ約三〇・〇
名古屋市秀吉清正記念館蔵

「神になった秀吉」年譜

西暦・年号	秀吉の年齢	史実	湖北関連事項	説話・物語
一五三六（天文　五）				一月一日尾張・中村に誕生、幼名日吉丸（太閤素生記） 日輪の子説（絵本太閤記・真書太閤記）
一五三七（天文　六）	1	二月六日尾張中村に貧しい百姓の息子として生まれる		
一五四四（天文一三）	8			光明寺に入れられる（甫庵太閤記）
一五四六（天文十五）	10			放浪し職を転々とする（甫庵太閤記）
一五五一（天文二〇）	15	遠江頭陀寺城主松下加兵衛之綱に仕えたと伝えられる		母からもらった亡父の遺産永楽銭一貫文で木綿針を買い今川領に行く（太閤素生記） 浜松の久能城主松下加兵衛に仕える（太閤素生記） 矢作橋で蜂須賀小六と出会う（絵本太閤記）
一五五四（天文二三）	18	那古野（名古屋）城主織田信長に仕えたと伝えられる		松下家を出奔し、尾張に帰る（太閤素生記・絵本太閤記） 小人頭がんまく・一若の仲介で信長に仕える（太閤素生記） 信長の草履を暖める（絵本太閤記） 清洲城割普請（甫庵太閤記・絵本太閤記）
一五六一（永禄　四）	25	浅野又右衛門長勝の養女おねと結婚したと伝えられる		台所奉行・薪奉行（甫庵太閤記・絵本太閤記）
一五六五（永禄　八）	29	木下藤吉郎秀吉と署名する文書がはじめてみられる		
一五六六（永禄　九）	30	墨俣に城を築き、斉藤竜興の兵を送る		墨俣一夜城築城（絵本太閤記）
一五六七（永禄　十）				稲葉山城攻略の一番手柄「千生瓢箪」誕生（絵本太閤記）
一五六八（永禄十一）	32	信長の入京に従う。京都奉行の一人となる		長短槍試合（絵本太閤記）
一五七〇（元亀　元）	34	金ヶ崎退き口の殿《しんがり》軍をつとめる	姉川の戦いに出陣する このころ横山城に居住する 竹生島宝厳寺に寺領を安堵する	
一五七三（天正　元）	37	羽柴と改姓する	小谷城落城し、信長より浅井氏旧領の江北三郡を与えられる	
一五七四（天正　二）	38		今浜を長浜と改め、築城する	

			長浜に城下町の建設が始められた 長浜十人衆、長浜三年寄を制定	
一五七五（天正　三）	39	長篠の戦い	長浜の畳指に諸役を免除する	筑前守と任ぜられる（甫庵太閤記）
一五七六（天正　四）	40	中国経略を命じられる 秀吉の実子が没したと伝えられる	「朝覚」が没し妙法寺に葬られる	
一五八〇（天正　八）	44	別所長治を三木城に攻める 姫路城を修復する		
一五八一（天正　九）	45	吉川経家を鳥取城に攻める	長浜八幡宮に金銅の燈籠を寄進する	
一五八二（天正　十）	46	清水宗治を備中高松城に攻める 本能寺の変がおこり、明智光秀を山城山崎に破る 尾張清洲で信長の後継を三法師と定める 山城国ではじめて検地をおこない、その後十六年間続けられる 大徳寺で信長の葬儀をおこなう		
一五八三（天正十一）	47	大阪城の普請が始まる	賤ヶ岳の戦いで柴田勝家を破り、北ノ庄で勝家自刃する。	
一五八四（天正十二）	48	小牧・長久手の戦い 徳川家康と講話する		
一五八五（天正十三）	49	関白となる 養子於次秀勝没す 四国・中部・北陸を平定する		
一五八六（天正十四）	50	聚楽第を築く 太政大臣に任ぜられ豊臣の姓を賜う 妹の旭姫を徳川家康に嫁がせる		
一五八七（天正十五）	51	九州を平定する キリシタン禁令を発布 京都北野に大茶会を開く		
一五八八（天正十六）	52	刀狩令・海賊禁止令を発布		
一五八九（天正十七）	53	鶴松誕生する		
一五九〇（天正十八）	54	北条氏を小田原城に攻める		
一五九一（天正十九）	55	陸奥九戸政実の乱を平定し、全国統一を成しとげる 身分統制令発布 鶴松、淀城に没す 甥、秀次関白左大臣に任ぜられ、秀吉は太閤と称する	長浜町の町屋敷年貢米三〇〇石を免除（朱印地の成立）	
一五九二（文禄　元）	56	文禄の役始まる 大政所（秀吉の実母没する）		朝鮮から送られた全国統一の祝賀の意を服従の意思表示と錯覚し、朝鮮出兵を行う（甫庵太閤記）

西暦・年号	秀吉の年齢	史実	湖北関連事項	説話・物語
一五九三（文禄 二）	57	捨丸（秀頼）誕生		
一五九四（文禄 三）	58	伏見城を築く		
一五九五（文禄 四）	59	秀次に切腹を命じ、聚楽第を壊す 方広寺大仏殿完成		秀吉から切腹を命じられ秀次自害（甫庵太閤記）
一五九六（慶長 元）	60	慶長の役始まる 方広寺大仏殿地震により大破		朝鮮四道の割譲などを要求した秀吉側と、秀吉を明国に服従させようとする明側との対立から再び出兵（甫庵太閤記）
一五九八（慶長 三）	62	醍醐寺三宝院に花見をおこなう 発病、伏見城に没する 阿弥陀ヶ峰神廟造営開始 後陽成天皇より「豊国大明神」の神号と正一位の神階「豊国大明神」宸筆下賜		
一六〇〇（慶長 五）		関ヶ原の合戦		
一六〇四（慶長 九）		秀吉七回忌豊国社臨時祭		
一六〇六（慶長十一）		高台寺建立『豊国祭礼図屏風』制作（豊国神社蔵）		
一六一〇（慶長十五）		秀吉十三回忌		
一六一二（慶長十七）		方広寺大仏殿再建		
一六一四（慶長十九）		秀吉十七回忌　方広寺鐘銘事件 大坂冬の陣		
一六一五（元和 元）		大坂夏の陣　秀頼、淀殿自害　大坂城落城 家康の豊国社第一次破却 豊国大明神の神号が剥奪される 妙法院の豊国社第二破却	豊国神社を廃止し、神像を十人衆吉川邸に密かに祀る 長浜城廃城	
一六二三（元和 九）				「川角太閤記」が出版される
一六二六（寛永 三）				「甫庵太閤記」（二二巻）が出版される
一六三〇（寛永 七）		秀吉三十三回忌		「豊鑑」（四巻）が出版される
一六四二（寛永十九）				「豊臣秀吉譜」（三巻）が出版される
一六九七（元禄 十）		秀吉百回忌が妙法院山内の持仏堂で行われる		
一六九八（元禄十一）				「絵入太閤記」（一巻～七巻）が出版される（八巻以降は発禁）
一七〇〇（元禄十三）			長浜町民「地子報恩講」をつくり、知善院に観音堂建立を計画	
一七〇二（元禄十五）			知善院観音堂竣工	
一七二二（享保 七）		出版物の取締が行われる		
一七四七（延享 四）		秀吉百五十回忌	知善院で秀吉百五十回忌が行われる	

一七四七（延享　四）		秀吉百五十回忌	知善院で秀吉百五十回忌が行われる	
一七七二（安永　一）				「太閤真顕記」（十二巻）が出版される
一七八九（寛政　元）				浄瑠璃本「木下蔭狭間合戦」が出版される
一七九〇（寛政　二）		出版物の取締が強化される		
一七九三（寛政　五）			吉川邸に奉祀してあった豊公神像を豊国神社奥殿に祀る	
一七九五（寛政　八）			知善院で秀吉二百回忌が行われる	
一七九七（寛政　九）		秀吉二百回忌が妙法院山内の阿弥陀堂で行われる		「絵本太閤記」（七編八四巻）が出版される
一七九九（寛政十一）				浄瑠璃本「絵本太功記」が出版される
一八〇一（享和　一）				浄瑠璃本「日吉丸稚櫻」が出版される
一八〇二（享和　二）				「絵本太閤記」完結
一八〇四（文化　一）		出版物取締強化　太閤記物一斉摘発		
一八四二（天保一三）			知善院観音堂を再建する	
一八四六（弘化　三）			秀吉二百五十回忌に町民が石燈籠、金燈籠（現在豊国神社像）各一対を奉納 長浜曳山祭青海山「大功記九段目」月宮殿「木下蔭狭間合戦」を上演	
一八四七（弘化　四）		秀吉二百五十回忌が妙法院山内の阿弥陀堂で行われる		
一八四八（嘉永　元）		秀吉二百五十回忌に高台寺で大随求菩薩像を開帳		
一八五二（嘉永　五）				「真書太閤記」（十二編三六〇巻）が出版される
一八五七（安政　四）				「絵本豊臣勲功記」（十二編一二〇巻）が出版される
一八六八（明治　元）		明治天皇、豊国神社再興の沙汰　阿弥陀ヶ峰再興の沙汰	社号を豊《みのり》神社（豊国神社の略称）と改称する	
一八八〇（明治十三）		方広寺大仏殿跡地に新社殿が竣工		
一八九八（明治三一）		阿弥陀ヶ峰豊国廟が竣工　二ヶ月間豊太閤三百年祭が行われる	豊神社で秀吉三百回忌が行われる	
一九一五（大正　四）		豊臣秀吉に正一位が贈られる		
一九二〇（大正　九）			豊国神社と改称	
一九三一（昭和　六）			知善院で秀吉三百五十回忌が行われる（実際は三百三十一回忌にあたる）	
一九四八（昭和二三）		豊国神社で豊太閤三百五十年祭が行われる		

参考文献

石毛忠『豊臣秀吉のすべて　思想上の秀吉』（新人物往来社　一九八一年）

宇佐美義雄『名古屋　豊国神社誌』（豊国神社社務所　一九八六年）

小瀬甫庵（桑田忠親 校訂）『太閤記』（新人物往来社　一九二一年）

小和田哲男『豊臣秀吉』（中央公論社　一九八五年）

北川央「豊臣秀吉像と豊国社」（『肖像画を読む』所収、角川書店　一九九八年）

武田恒夫『障屏画』原色日本の美術一三（小学館　一九六七年）

谷直樹編『大工頭中井家建築指図集―中井家所蔵本―』（思文閣出版　二〇〇三年）

辻惟雄『洛中洛外図』日本の美術一二一（至文堂　一九七六年）

津田三郎『秀吉英雄伝説の謎』（中央公論社　一九九七年）

山川静夫・吉田千秋『山川静夫の歌舞妓十八選』（講談社　一九九一年）

渡邉世祐『豊太閤の私的生活』（創元社　一九三九年）

『近江長浜町志』第一巻～第四巻（臨川書店　一九八八年）

『歌舞伎入門事典』（雄山閣出版　一九九四年）

『歌舞伎名作事典』（演劇出版社　一九九六年）

『近世風俗図譜』9　祭礼(二)（小学館一九八二年）

『桑田忠親著作集』第五巻　豊臣秀吉（秋田書店　一九七九年）

『新市邸重要文化財』二（毎日新聞社　一九八一年）

『近松半二江戸作者浄瑠璃集』新日本古典文学大系九四（岩波書店　一九九六年）

歴史群像シリーズ45『豊臣秀吉　天下平定への智と謀』（学研　一九九六年）

『豊臣秀吉事典』（新人物往来社　一九九〇年）

『豊臣秀吉・戦乱が生んだ天下人』（日本放送出版協会　一九九五年）

『名作歌舞伎全集』五（東京創元社　一九七〇年）

『名作歌舞伎全集』六（東京創元社　一九七一年）

『プレジデント』40　一九九六年八月号（プレジデント社）

『歴史群像』一九九六年四月号　No.24（学習研究所）

安土城考古博物館『是非に及ばず―本能寺の変を考える―』（二〇〇一年）

大阪城天守閣『秀吉と桃山文化』（一九九六年）

大阪城天守閣紀要　第二六号『豊臣時代資料・史跡調査概報』（一九九八年）

大阪市立博物館・サントリー美術館・名古屋市博物館編『秀吉展―黄金と侘び』（一九九六年）

京都国立博物館『都の形象―洛中洛外の世界』（一九九四年）

京都国立博物館『桃山絵画賛歌』（一九九七年）

京都府立総合資料館『洛中洛外図の世界』（一九八三年）

京都文化博物館編『秀吉と京都―豊国神社社宝展』（豊国会・豊国神社　一九九八年）

京都市学校歴史博物館『企画展・むかしの教科書大集合』資料（二〇〇三年）

神戸市立博物館編『館蔵名品図録』（一九八五年）

豊国会　豊国神社『秀吉と京都　豊国神社宝展』（一九九八年）

長浜市教育委員会『長浜曳山祭総合調査報告書』（一九九六年）

長浜市教育委員会『長浜市史』三（一九九九年）

長浜市教育委員会『長浜市史』六（二〇〇二年）

お世話になった方々（敬称略）

NPO法人　人形浄瑠璃文楽座
大阪城天守閣
大阪市ゆとりとみどり振興局
京都市学校歴史博物館
京都市考古資料館
京都市歴史資料館
京都文化博物館
京都府立総合資料館
月宮殿田町組
財団法人京都市埋蔵文化財研究所
財団法人下郷共済会
猩々丸舟町組
国立文楽劇場
神照寺
青海山北町組
竹生島宝厳寺
知善院
徳勝寺
鳥取市歴史博物館
豊国神社（京都市）
萬歳楼瀬田町組
曳山博物館
長浜八幡宮
豊国神社（長浜市）
名古屋市秀吉清正記念館
三菱樹脂株式会社
妙法寺
高月町森本区

青山　淳二
出雲　一郎
上羽　文雄
宇野　日出生
岡田　友明
尾崎　忠磨
小和田哲男
片桐　信弘
加藤　和俊
北川　央
小池　充
後藤　静夫
佐々木　観高
佐々木　孝文
竹村　佳子
土居　郁雄
津田　三郎
豊竹　小松大夫
内貴　久夫
中井正知
中村　敦
宮本　裕次
三吉　洋平
村木　節也
森岡　栄一
山田　富造
吉田　武雄

執筆者（敬称略・執筆順）
小和田哲男　静岡大学教授
津田　三郎　秀吉研究家
秀平　文忠　市立長浜城歴史博物館　学芸員
中島　誠一　市立長浜城歴史博物館　館長補佐
太田　浩司　市立長浜城歴史博物館　学芸担当主幹

編集担当
中島　誠一（市立長浜城歴史博物館）
久保寺容子（市立長浜城歴史博物館）
岩根　順子（サンライズ出版）

編集スタッフ
江竜　喜之（市立長浜城歴史博物館）
太田　浩司（市立長浜城歴史博物館）
秀平　文忠（市立長浜城歴史博物館）
南部　真住（市立長浜城歴史博物館）
小池　　充（市立長浜城歴史博物館）
牛谷　訓子（市立長浜城歴史博物館）
小原　広子（市立長浜城歴史博物館）
日泉　幸子（市立長浜城歴史博物館）
平山　雅子（市立長浜城歴史博物館）
伊吹喜美子（市立長浜城歴史博物館）

制作スタッフ
戸谷　　昇（サンライズ出版）
李　真由美（サンライズ出版）
山下　恵子（サンライズ出版）

神になった秀吉
―秀吉人気の秘密を探る―

初版第一刷　平成十六年一月三十日
企画・編集　市立長浜城歴史博物館
制　　作　サンライズ出版株式会社
発　　行　市立長浜城歴史博物館
〒五二六―〇〇六五
滋賀県長浜市公園町十番十号
電話　〇七四九（六三）四六一一
発　売　元　サンライズ出版
〒五二二―〇〇〇四
滋賀県彦根市鳥居本町六五五―一
電話　〇七四九（二二）〇六二七

ISBN4-88325-247-7 C0321